销售心理学

鸿雁 编著

吉林文史出版社
JILIN WENSHI CHUBANSHE

图书在版编目（CIP）数据

销售心理学 / 鸿雁编著. -- 长春：吉林文史出版社, 2017.10（2018.1重印）

ISBN 978-7-5472-4535-4

Ⅰ.①销… Ⅱ.①鸿… Ⅲ.①销售－商业心理学 Ⅳ.①F713.55

中国版本图书馆CIP数据核字(2017)第223972号

销售心理学
XIAOSHOU XINLIXUE

出 版 人　孙建军
编　著　鸿　雁
责任编辑　于　涉　董　芳
责任校对　薛　雨
封面设计　韩立强
出版发行　吉林文史出版社有限责任公司（长春市人民大街4646号）
　　　　　www.jlws.com.cn
印　刷　天津海德伟业印务有限公司
版　次　2017年10月第1版　2018年1月第2次印刷
开　本　640mm×920mm　　16开
字　数　201千
印　张　16
书　号　ISBN 978-7-5472-4535-4
定　价　45.00元

前　言

销售是一项极具挑战性的工作，也是一项能快速创造财富的工作。世界上，那些获得显赫声誉和雄厚资产并且能够为社会做出一定贡献的商界人士，几乎都将他们的成功更多地归因于销售，而不是任何其他的因素。像香港首富李嘉诚一样，大多数成功的商界人士一开始都是从销售做起的。毋庸置疑，销售领域可以为每一个人提供实现财富梦想的机会。

销售人员往往为丰厚的报酬所激励，收入的多少标志着他们成功的大小。但在销售队伍中，顶尖销售精英与普通销售员之间的收入可以用天壤之别来形容。在同样的市场领域从事同样产品的销售，有的人年收入可高达百万甚至千万，而有的人可能一分钱也赚不到。究竟是什么造成了如此巨大的差别？难道销售只是少数别具天赋的人才能从事的工作？

调查表明，大部分销售人员并非缺乏天赋，相反他们都有很强的表达能力，具备良好的口才和形象，但致命的一点是，他们中很少有人接受过专业的销售培训，没有掌握一套系统全面而强有力的销售知识与技能。有时候，他们离超级销售明星只有一步之遥！

此外，对于各企业中的销售经理、销售教练而言，还面临着怎样改进自己所管理的销售团队的业绩、如何在最短的时间内为企业打造一支所向披靡的销售队伍等问题。领导销售团队如同领导运动团队一样，只有好的教练才能充分发挥其潜力。但如果没有掌握全面的销售技巧和销售培训知识，作为一名管理者，你将无法做到这一点。提高团队销售业绩的关键是适当地引导和培训你的员工走向卓越。团队成员需要启迪、激励，需要最好的技巧、策略和大量的实践。作为管理者，你的职责就是给予他们这些完整的内容。

为了帮助广大销售人员、企业销售管理和培训人员掌握一套系统全面的销售知识和技巧，找到一条通向成功和卓越的道路，我们精心编写了这本《销售圣经》。

全书分为上、中、下三篇。上篇"成功销售全攻略"通过销售计划、销售流程、销售实践三个紧密联系、互相贯通的成功销售理念建立了一套完整的销售体系和战略思想，涵盖了成功寻找、赢取、留住客户的全部最佳策略和技能。销售计划、销售流程、销售实践对于成功销售都是一样重要的，它们共同构成了一个强有力的销售三角架。事实上，你只要掌握了其中之一就足以帮助你在销售业中取得成功。但如果你想成为一名顶尖的销售精英，就必须要全面掌握这三个销售理念，缺一不可。同时上篇还详细介绍了"世界上最伟大的推销员"奥格·曼狄诺，"推销之神"原一平，全球"销售之冠"乔·吉拉德，美国销售史上评价最高、薪酬最高的推销员王贝特格，以及托德·邓肯等世界顶级推销大师的推销秘诀和成功之道。

在现代市场经济条件下，无论是对企业而言，还是对营销人员而言，要想在激烈的竞争中脱颖而出，必然要透彻地理解营销，娴熟地应用营销工具。营销方法是对营销实践的科学总结，是处理特定问题的利器，是各路营销精英解决现实问题的精髓所在。可以说，了解与掌握各种营销方法已然成为商界精英们必须具备的一种商业素质。为此，本书中篇"最有效的营销方法"部分从营销环境分析、市场机会选择、确定产品竞争优势、价格定位与营销推广、市场营销策略、营销执行与管理等方面精选数十种营销方法，涵盖营销工作的整个流程。这些方法集中体现了营销大师和商业精英们的经营智慧和营销艺术，其高效性经过了实践反复检验，可以帮助企业和营销人员解决营销中遇到的各种难题，更科学地做出营销工作中的各项重大决策，从而渡过危机，创造辉煌业绩。

　　下篇"必读的经典营销书"收录了过去几十年里世界顶级营销大师的十四部经典著作，包括杰弗里·吉特默的《销售圣经》、尼尔·雷克汉姆的《销售巨人》、奥格·曼狄诺的《世界上最伟大的推销员》、菲利普·科特勒的《营销管理》、伯尔尼·H.施密特的《体验营销》、里吉斯·麦克纳的《关系营销》、艾略特·艾登伯格的《4R营销》、伊曼纽尔·罗森的《营销全凭一张嘴》、盖伊·川崎的《胜算——用智慧击垮竞争对手》、迈克尔·特里西和弗雷德·维尔斯马的《市场领袖的法则》、克里斯·安德森的《长尾理论》等。在这些里程碑式的营销著作中，各位大师都对市场营销提出了自己天才式的独到见解，影响力波及全球，极大地推动了营销学的发展。这些作品将销售与销售管理很好地结合在一起，系统讲述了人员推销和销售管理的关系以及销售管理的各种实用方法，几乎涵盖了销售与销售管理的所有重要问题，反映了销售理论与实践方面的最新发展。不论是个人还是企业，都可以从本书广征博取，借鉴大师的经验教训，找到最适合自己的营销观念、策略和技巧，显著提高自己的营销水准，赢得财富。

　　成功的销售不仅依靠销售人员的艰苦努力，而且需要智慧、需要动脑、需要思考。对于广大销售和销售管理人员、企业家和商界人士来说，《销售圣经》无疑是全面、系统的业务指南。本书内容专业、实用，基于常识，便于读者理解。它接受了长久以来销售实践的检验，所涵盖的销售理念、方法、原则和技巧，如同一个全方位的向导，指引所有销售从业人员成为八面玲珑的销售精英。阅读本书，你将会发现它不仅与你息息相关，而且易于执行。本书不但适用于初涉销售行业的新手。也适用于销售行业的行家里手。同时，对于那些想让自己和团队的业绩上一个新台阶的销售教练和销售经理而言，本书正是他们苦苦寻觅的指导手册。书中传授了具体的策略、分步指导以及最前沿的思想，可以帮助他们领导团队、提高业绩，打造具有优秀特质的销售人员。

目　　录

上篇　成功销售全攻略

中篇 最有效的营销方法

下篇 必读的经典营销书

上篇

成功销售全攻略

第一章　制订销售计划与目标

分析销售业务的现状

一、我们怎样才能实现目标

必须弄清楚我们怎样才能够前往我们想要"到达的地方"。我们后面介绍的几种方法可以拓展你的销售业务。这几种方法能够使你现在拥有的业务得到维护和进一步拓展，也能够帮助你发现并且找到新的业务。

我们必须问问自己分配给这几种业务行为的时间比例是多少。例如，如果我们拥有强大的客户基础，并且在计划期内我们的客户群将大幅度增长，那么我们就会发现将很难走出去拓展新业务。有时候一些新业务的获取将花费 1 年左右的时间才能够争取到。如果我们忙于服务和发展现有客户的话，我们将不能够通过发展新业务来实现业务目标。

我们必须了解将去何处以及怎样到达那里。

二、我们的优势、劣势、机遇和挑战

从优势、劣势、机遇和挑战等方面来准确弄清楚我们现在身在何处，以更好地理解我们是谁、我们在做什么、我们的优势是什么以及我们的劣势是什么。传统的业务分析方法是运用包含优势、劣势、机遇和挑战在内的所谓 SWOT 分析法。对于销售人员来说，我们建议用一种稍微不同的 SWOT 分析。我们

应该做几个 SWOT 分析：

(1) 集中于我们公司的 SWOT 分析。

(2) 集中于我们个人的 SWOT 分析。

(3) 集中于我们主要竞争对手的 SWOT 分析。

在一张纸的左上方写上"优势"，在右上方写上"劣势"，在左下方写上"机遇"，在右下方写上"挑战"。

优势	劣势
机遇	挑战

开始用纸的左半部分来分析作为销售人员的你和你的业务。首先写下不同领域作为个人的你和公司的业务优势。这里列出你在产品、服务、供应、保障、保险、形象、交货、付款条件以及所提供的特殊服务等方面的竞争优势。尽量写下你们公司所有可能的业务特色（你所在的公司是从事什么业务的或者公司的业务特点是什么）或者优势（为什么人们要购买你们公司的产品或者服务）。

千万不要在这一栏故作谦逊，要有多少写多少，直到写完你们公司所有竞争优势以及给市场所带来的所有好处为止。

积极地思考你们公司的机遇，并同样在纸的左半部分写下"机遇"的地方把它们写出来。就你们公司的机遇而言，你要考虑现有的客户、现有客户的增加销售量、介绍的客户、目标客户、新的业务机会，要无所顾忌地去思考。因为你们公司所提供的产品或服务有可能适用于新业务的开发，也有可能进一步满足现有客户群的业务需求。就公司所面临的机遇而言，你需要任凭你的想象力自由地驰骋。

现在轮到在纸的右上角写公司劣势的时候，我们要现实地去面对，但不要为难自己。之所以会提到这一点是因为在一些研讨会上，让人们做 SWOT 分析时，他们只在左边格子内（优势和机遇两处）写了三四条内容，然后感觉像是用了 20 年的时间去写右边的内容。我们往往急于减少自己的优点，多讲自己的不足，但殊不知，这些不足反而通常是竞争中的优势所在。

我们要做的就是要打破这种模式，在左半边集中精力，在右半边面对现实。所以我们要写下在市场上我们公司的竞争优势和竞争劣势，从而写出一份合理的 SWOT 分析单。

然后在纸的右下方列出你们公司所面临的挑战。它可以是环境所带来的挑战或者宏观经济形势给公司业务所带来的挑战。这里再次强调要真实，不要臆想。

三、竞争对手的优势、劣势、机遇和挑战

现在我们要来个 180°的大转弯，为我们的竞争对手做一个 SWOT 分析。在这个分析中我们要集中精力在右半边写下我们或环境对竞争对手造成的所有挑战，而在左半边我们要真实而不是夸大其词地写出竞争对手主要的优势和机遇。

建议你可以为你的一个、两个或者三个主要竞争对手做这样的分析。因为我们这样做将首先能够使我们更好地理解我们的市场价值，与此同时也将有助于我们树立信心。其次，在分析竞争对手过程中我们将感受到我们自己有多么强大，因为我们的竞争对手并不是一脚就能踩死我们的长毛怪，而是与我们水平相当的竞争对手。

四、创立价值服务理念

有人曾经说过这么一句话："一个没有价值服务理念的人，任何事情都可以把他打垮。"一想到公司的价值服务理念，在脑海里应该首先浮现的就是上面这句名言。这个问题应该这么问："我们的服务理念是什么？"我们认为公司在市场上从事经营业务的最根本原因是什么？

比如，就拿某人所从事的销售培训教育为例，他的服务理念就是为客户提供客观、专业、实用且易于理解的销售理念和销售技巧。当有人询问他是否能够提供客户服务培训项目的时

候，他知道他可以提供；当有人询问他是否能够总结出 15 个最有效的销售秘诀并传授给他们的销售人员的时候，他知道他能够总结出；当人们询问他是否能够总结出一些新奇且独一无二的销售方法来教授他们的销售人员，使他们能够像演员打动观众那样打动客户，他知道他能够总结出。

这里所要表达的就是你要清楚地知道你的价值服务理念是什么。一旦你知道了，那么它将会帮助你在销售中取得成功。在当今市场中，大多数企业通常都崇尚着 3 种不同的价值服务理念。

公司所崇尚的第一个价值服务理念是高效运营。所谓高效运营就是指你所在的公司能够比竞争对手更加有效地从各处获取项目、设备、产品及服务等。当我们一提到高效运营的价值服务理念时，我们脑海里浮现出了很多以此为例的公司，其中沃尔玛最为典型。

人们崇尚的第二个价值服务理念就是优质的客户服务。这意味着客户知道，不论发生什么，不管有什么情况，客户总是第一位的。

这方面的典型是罗德斯托姆公司。他们的员工能为每一个顾客多跑额外的路。有许多关于它的故事，如有一个关于服装顾问在风雪中驱车去送被遗留在店里的燕尾服衬衫，以确定让新郎在结婚那天不会露出胸脯站在教堂走廊的尽头的故事。

公司所崇尚的第三个价值服务理念是技术优势。他们崇尚创新、崇尚先进的科技（有时崇尚尖端科技）。在市场中，他们保持着创造性。而对于这一理念，最符合的一个公司便是早期的微软公司，他们的价值服务理念就是把先进的技术应用于每一个人的台式电脑。

所以你要知道你可以在任何企业的不同方面去创造你的价值理念，而方法就是问你自己：我的价值服务理念是什么？

五、现有业务状况

这里再次强调我们一定要与时俱进以准确把握住时代的脉搏，从而更好地了解我们今天在业务中处于什么位置，这对我们了解现在的情况很重要。有一些企业，它们并不真正知道自己和客户的位置在哪里，以及未来几年的情况又将怎样，或者不知道它们是否可以得到与去年同样多的业务量，或者只是其中一部分，或者它们必须从头再来。

你想把你的业务引领到何处的任何分析都始于对现有业务状况的讨论。做这件事的最好的方法就是浏览一下你的客户清单，并把他们从最好到最差的，从最高的业务额到最低的业务额，或者从最大的利润额到最小的利润额分成几个不同的等级。

这样的话你会像大多数公司一样发现"二八法则"将适用于对公司现有业务状况的分析。这意味着公司80％的销售额是从20％的主要客户那里产生的，同样也意味着你80％的问题、担忧或价格战也来自那20％的主要客户。看看你最好的客户，20％的主要客户产生了80％的销售额，你将不得不决定在接下来的销售计划时期是否将从他们那里获取同样多的销售业务，或者是否在什么地方存在着业务风险。

在我们能够预测我们将在哪儿止步之前，我们必须清楚地知道我们现在在哪儿。而这将开始于我们对现有业务现状和现有客户的分析。

六、业务缺口分析

业务差距分析是我们制订战略销售计划的一个工具。它将使我们的专业销售人员权衡我们今天在哪里，而且把它与我们的销售目标进行比较，从而使我们能够采取具体行动来实现目标最大化。

例如，销售人员史密斯想知道他怎样才能使他与过去客户之间的业务在 2003 年的基础上，在 2004 年得到进一步拓展。他 2003 年的业务情况如下：

a. 2003 年的实际销售额	1 000 000 美元
b. 5 年来平均每年失去的销售业务	10%（100 000 美元）
c. 在没有改变的情况下 2004 年的销售计划	900 000 美元
d. 2004 年销售业务期望增长率	15%（1 150 000 美元）
e. 业务缺口为 115 万美元－90 万美元	250 000 美元
f. 过去 5 年来平均每年客户增长率	10%（90 000 美元）
g. 包括现有客户业务因素在内的业务缺口为	160 000 美元
h. 平均每个新客户的销售额	10 000 美元
i. 填补缺口所需的客户量	16

现在史密斯准确地知道为完成 2004 年的销售业务目标，他该做什么事情，即他需要开发 16 个新的客户，与此同时与现有客户之间的业务量需要增加 10%。

七、弥补业务缺口所必需的新业务量

一旦我们完成了销售业务缺口分析，我们就能够清楚地知道我们需要多少新客户。然而大部分销售人员都因低估了发展新客户而减少了为公司带来新的业务所需的努力。发展新客户的技巧在任何一个企业里面都是必需的，然而只有很少的销售人员才具备发展新客户的技巧和能力。大部分发展新客户的业务行动往往都是以拒绝收场。这主要是因为我们必须努力拜访那些对我们公司及其经营业务不是太熟悉的全新客户，以及那些业已与我们的竞争对手建立了业务关系的潜在客户。

所以除非是出了什么问题，如我们联系的潜在客户与他们的供应商或卖方存在着矛盾，否则我们将面临一场从竞争对手那里赢得业务的艰苦战斗。按惯例如果我们与一些没有经人介绍的企业发展业务的话，则需要与 100 家与我们没有关系的企业联系，而我们将有可能把其中 10 家发展成为在未来会有兴趣和我们做生意的企业。

所以我们需要寻找的是那大约 10% 的对我们感兴趣的公司。所以，我们正处于一个 "10－3－1" 法则影响下的位置。也就是说，在 10 个有兴趣和我们做生意的企业中，大概会有 3 个企业会同意和我们谈他们的需求，以及我们的产品或者服务是否能够达到他们的要求。在这 3 个企业中，将只有 1 个企业最终会在销售循环中与我们做生意。

有计划才能达到目标

一、销售计划很重要

还记得玩大富翁游戏的时候吗？你是以一个孩子还是大人的身份参加的呢？游戏开始后，玩家选定棋子，得到一笔钱，然后通过掷骰子在棋盘上大肆进攻，掠夺财产和租金，独占房地产市场，意图置对手于死地。在游戏中，你清楚自己的目标，熟悉游戏规则，知道预期的结果。你也知道自己从何处开始，何时进行到了一半，以及结局是什么。相同地，营销策略或计划与此如出一辙。要知道该往哪里去，必须先有目标。大部分做销售的人关心的往往是付出汗水后得到多少钱，创造多少销售量和总利润，以及是否能在给定的时间内将产品和服务原价售出。明白了这一点，我们就得将棋子集中起来，这就像是前面提到的销售过程，也是现在讨论的销售计划和下面将谈到的销售实践。前面曾说过，如果通过日常的重复订单能够从现有的客户中带来足够多的生意，并以每年 10%、12% 或 15% 的速度提高业务量，也就无需销售计划。我们只要在清晨醒来，查看星期一的电话、星期二的电话，在星期三会见那些每隔一个星期都会见面的客户，然后在年终最后一个月的最后一天正好签下一笔单，实现了全年目标。但是，对大部分人来说这都是不可能的。

众所周知，任何只要做过半小时以上销售工作的人都会知道，这种办法在现实中是行不通的。因此，每个人都该想想若用美元统计销售额（其他任何币种皆可），我们要努力达到多少数字。接着针对即将采取的行动、服务的客户、创造的价值及在市场上拿什么来交换付出的劳动，我们都要有精确的定位，然后就是把计划付诸纸上。有太多的人想着自己将会干一番事业，有一番成就，或至少渴望有所作为。那时，一切听起来都十分美好，而自己也确实想走向成功。但一些新思想分散了我们的注意力，或者市场发生了一些变化，梦想也就随之破灭——像是浴缸里的泡泡转瞬即逝。所以有一个每日、每周、每月、每季度，或每年都能够参考的计划就显得尤为重要。

拟订一个营销策略或营销计划是相当关键的。我们将从一个很泛的层面讨论这个问题。这主要是因为有许多问题亟待解决：

◇哪些是我最具销售潜力的客户？为什么？

◇制造商、分销商、零售商、服务公司是最适合我的业务对象吗？

◇销售对象的公司规模有多大？

◇他们有多少员工？

◇他们的销售额是多少？

◇他们的销售总值有百分之多少的比例可能是源于我们的产品或服务？

◇他们的地理位置如何？

◇我们要寻找什么水平的决策者？是总经理、老板、采购代理、专业人士，还是幕后操作者？

◇面对成功的机遇，我们将如何定位自己？

◇同竞争对手相比，我们有哪些优势和劣势？

◇市场上存在哪些威胁会影响到我的业务行为以及本营销计划的实施？

◇我们的竞争对手怎么样？他们优势是什么？劣势是什么？他们抢占我们市场占有率的概率有多大？我们如何才能对他们构成威胁？

换而言之，即使是我们在心里盘算着要去会见一个陌生的目标客户，也要准备着成功，而不是失败。掌握了我们独特的定位——占据我强敌弱之处，则又增加了成功的筹码。有一个销售策略，并有的放矢，成功就将近在眼前！

有句谚语说得好："如果一个人不知道自己该怎么走，那么他很可能会止步于一个从没想过的地方。"

这就是有一个行之有效的销售计划如此重要的原因。

二、好的开始是成功的一半

因为混淆了销售行为与销售结果的问题，一些销售人员没有实现他们的销售目标。大部分销售人员都想知道他们是否为公司和自己的职业做出了贡献，以至于我们只注意到忙碌而没有把精力集中在做正确的事上。

这是导致销售失败的最大的悲剧，是否拥有一份行之有效的销售计划对一个销售人员的成败起着决定性的作用。就像古希腊哲学家亚里士多德早在 2300 多年前所说的那样："好的开始是成功的一半。"这个真理告诉我们，如果拥有一份行之有效的计划，我们将会朝着我们的目标或计划的方向发展，这种好的开始将会帮助我们实现所预先设定的目标。

我们能够决定自己在销售电话中说什么，给谁打电话，我们的市场价值是什么，与潜在客户进行合作的最佳切入点在哪里，以及其他我们能控制的因素。只要事先做好计划，一旦我们开始按照计划行事，那么计划将引导我们走向成功。

三、万丈高楼起于平地

如果我们和客户建立业务关系就像给他们建房子一样，那么我们是不是要了解一下基础设施、建筑用料和建房规则呢？回答是肯定的。

就像建一座坚实的房子一样，成功的销售始于有效的销售计划。销售计划是地基，是平衡我们销售行为的结构框架。

如果我们撰写销售计划能够像建筑承包商建造高楼大厦那样、能够像医生进行术前准备工作那样、能够像建筑师设计摩天大楼那样，那么我们将能够在销售领域最终取得成功。

四、挖掘我们的核心竞争力

将我们的焦点集中在我们的核心竞争力上对我们来说很重要。当然这并不意味着我们将对不足之处视而不见，可以忽视缺点，也不意味着对于我们并不太擅长的领域，我们就将像鸵鸟一样就把头埋在沙子里。我们必须知道为什么客户愿意和我们做生意，并且把我们的焦点和注意力都集中在我们最擅长的领域或核心竞争力上。

虽然你是一位擅长于曲线球和变速球而不是快速球的掷手，当比赛快要结束的时候，在有两人在垒线上、两人在垒线外的情况下，你知道只有最后一球可以击败对手，那么在第九回合时，你会投什么球？很明显你会投快球。就像板球投手试图让别人出局一样，销售人员需要最终全力一击。

你不可能提供所有人想要的东西，你也不可能是最低价产品的提供者，或者最好服务的提供者，或者运营最有效的公司。我们怎样才能确信我们向客户传达了我们会为他们做得最好的意思，我们怎样才能突出自己的优势呢？

五、成功销售，永不为迟

沃伦·威奇斯勒是全球公认的销售专家，他曾和一个因为太年轻而不知道自己是否能够在销售领域取得成功的销售人员共事过。

沃伦·威奇斯勒问她："你所在的公司从事这个领域的经营业务多少年了？"她回答说 50 多年了。然后又问："在你们公司工作的其他人在这一行做了多少年？"她告诉沃伦·威奇斯勒他们公司在业内声誉很好，且有好几笔很大的交易记录。

然后沃伦·威奇斯勒问她，你认为他们为什么雇用你。接下来问她，当客户知道你们公司的情况和你这么年轻会有什么反应？是否想从这个行业里撤出？她回答说不确定。

在沃伦·威奇斯勒看来，成功销售，永不为迟。你不会因为年纪太大，也不会因为太小；不会因为所接受的教育水平太低，也不会因为所接受的教育水平太高；当然也不会因为你太穷、太缺乏热情、太有妒忌心、太不单纯或者是太愚昧而不能够在销售领域取得成功。成功销售，永不为迟。你完全可以制订销售计划，完全可以在销售领域取得成功。

设定销售目标

一、做正确的事

销售计划等同于一个销售领导。在商业领域，所谓的领导就是为一个组织建立一个人人都为之而奋斗的目标。这就是所说的"做正确的事"。现在在大企业里，组织管理都按照不同的功能进行了部门分类，做自己管辖范围内的事就是所说的"做事正确"。销售计划就是做有关正确的事。

二、设定销售目标

设定销售目标听起来很简单，但实际操作起来却十分复杂。销售人员是从一个巨大范围内的一连串目标开始的。与其说是目标，倒不如说它是一份愿望表。成为一个成功的目标制订者的关键之一就是学会改进和专注于上述系列任务的目标列表。

在目标设定过程中，我们同样需要这样做。你需要真正理解我们想达到的目标是什么，并且使它简化以至于我们能够解释给第三方听。

三、"没有"目标的神话

我们真的需要去喜欢我们的身份和工作，我们不能自责和悔恨过去，也不能急切地盼望未来，因为这都是无济于事的。

把握现在很重要。然而我们在把握现在的同时必须了解我们从哪里来、到哪里去。这就是目标对我们如此重要的根本原因。想象一下，如果一架从纽约到洛杉矶的飞机失去了目标的话，会是一件多么荒谬的事，它将会曲折地飞过美国的上空，用光燃料，置乘客于危险的境地。飞机是有目标的，它的目标就是在特定的时间里从纽约飞往洛杉矶。

甚至松鼠也有自己的目标。它们的目标就是在秋天里寻找到并吃掉大量的坚果，与此同时将更多的带有坚果的树枝埋藏于地下。这样在树上不结果实的冬季，它们就可以安全过冬了。一只没有目标的松鼠在冬天里是会被饿死的。

对于大部分人来说，专注于一个或几个目标会做得更好。我们必须自问："我们为什么要做现在所做的事？为什么我们要试图完成一件事？我们的目标是什么？我们必须专注的目标背后的真正意义是什么？"

制订好目标后，我们要学会把目标细分。曾和一些有远大目标的销售人员共事过几年，当把计划付诸行动时，他们就变得呆头呆脑，因为他们根本就不知道从哪里着手。

想象一下，如果你决定在一天内写完一本书的话，你坐在书桌前思考所有的观点，到第二天书就写好了，这将会是骇人听闻的，同时也是不可能的。

你必须有一个怎样写这本书的明确计划且要规划好每天用多少时间来写。这本书概念的形成、提纲的构建和每天在电脑旁的写作都是行动计划。在大部分情况下，一份销售计划的失败都是因为我们没有很好地分配我们的时间。

下一步就是要采取实际行动。一旦我们做好了销售计划，或者在心中有了销售目标后，我们就要把它和实际行动计划结合起来，促使目标的实现，最重要的任务就是采取实际行动促使事件的发生。这就是为什么耐克的宣传口号"只要做就行"会在全球数十亿人口中引起轰动的原因。我们别无选择时，计划和行动一个都不能少。这就是为什么"准备—瞄准—开火"这个口令中要有开火的原因。这就是为什么在长跑比赛中发令员要喊，"各就各位，预备，跑！"而不是喊"各就各位，预备，原地不动"的根本原因。当然发令员也不会喊"各就各位，预备，预备，再预备！"

因为这是不可能的。为了参加比赛，为了赢得比赛，你不得不拼命地跑。其实这也正是一个成功销售计划最重要最核心的部分。

第二章　建立稳固的销售

寻找目标顾客

一、寻找潜在顾客的方法

科特勒在《科特勒谈营销》一书中，把营销的定义扩展成："营销是发掘、维系并培养其获利性顾客的科学和艺术。"他认为，伟大的公司之所以伟大，在于它擅长发掘、维系新顾客，而这个过程主要分三步完成：

（1）找出潜在客户。

（2）对潜在客户进行首次推销。

（3）维系并培养新顾客。

所谓潜在顾客，是指有购买可能或希望的顾客，其特征是具有较大的付款能力，有某种潜在的购买需求，有购买决定权，认同推销员的推销工作。

科特勒说，现在市场上充斥着大量的产品而非顾客，因此，寻找潜在顾客就成了营销的一个重要问题。根据估计，欧洲的汽车制造商一年可生产7500万辆汽车，但市场的需求量只有4500万辆。这样，汽车公司不得不为剩下的3000万辆汽车奋力争取顾客。

科特勒认为，潜在的顾客始终是存在的，问题在于你是不是知道要发现潜在客户。除了利用数据库外，还有很多方法。

寻找准顾客的方法很多，推销员可依据所要推销的产品以及所要接触的顾客类型加以选择。常用的方法有以下几种：

1. 卷地毯式访问法

卷地毯式访问法是指推销人员对推销对象的情况一无所知或知之甚少时，直接走访某一特定区域或某一特定职业的所有个人或组织，以寻找准顾客的方法。采用这种广泛搜寻的方法，可以捕捉到一定数量的准顾客。这一方法的理论依据是平均法则，即在推销人员走访的所有人中，准顾客的数量与走访的人数成正比，要想获得更多的准顾客，就要访问更多数量的人。

卷地毯式访问法比较形象地说明推销人员寻找准顾客的过程，就像家庭主妇清洗地毯一样逐一检查。采用卷地毯式访问法寻找顾客，首先要挑选一条合适的"地毯"，也就是先要划定适合的访问范围。推销人员应该根据自己所推销商品的特性和用途，进行必要的推销区域可行性研究，确定一个较为可行的推销地区或推销对象范围。例如，你是一次性尿布的推销员，你挑选的"地毯"可能是妇幼保健院、医院等；你推销的是某种特效洗衣粉，你确定的"地毯"可能是某一社区的居民或宾馆客房部等。为了得到被访者的合作，走访前最好事先与之联系。此外，还需与其他方法配合使用。

2. 链式引荐法

链式引荐法，也叫"无限连锁介绍法"，就是推销人员在访问顾客时，请求为其推荐可能购买同种商品或服务的准顾客，以建立一种无限扩展式的链条。这是西方国家的推销人员经常使用的一种方法。

链式引荐法的关键在于推销人员首先要取信第一个顾客，并请求他引荐其余的顾客，由其余的第二链节发展更多的顾客，最终形成可无限扩大的"顾客链"。要使"顾客链"长久运转下去，推销人员必须不断地向链传动系统添加"润滑油"，以维持各链节之间的正常运转。通过链式的传动使推销品能畅通无阻地进入客户手中，其采用链式引荐法寻找无形产品（旅游、教育、金融、保险等）的潜在顾客尤为适合，因为在服务领域里，信誉、感情和友谊显得尤为重要。但从使用范围看，工业用品更多地使用这种方法寻找潜在用户，因为同行业的工业品用户之间通常较为熟悉，且相互间有广泛的联系。

3. 关系拓展法

关系拓展法是指推销人员利用自身与社会各界的种种关系寻找准顾客的方法。任何一个人都不可能在真空中生活与工作，必然要与各种各样的人发生方方面面的联系，例如同学关系、师生关系、同事关系、上下级关系、亲属关系、老乡关系等各类人际关系。在这些关系中，有些你非常亲密和熟悉，有些仅是初次结识，交往甚少，但不管怎样，他们都可能是你的准顾客，你应该把他们列入你的准顾客名单。

关系拓展法也是链式引荐法的一种，只是这种方法首先开始启动的链节是推销人员自己的关系户，然后逐步扩展渗透，形成一张推销某一商品的关系网，关系网中的人员可能就是你的准顾客了。

采用关系拓展法主要是寻找日用消费品的准顾客。

4. 个人观察法

它是指推销人员根据自身对周围环境的直接观察、判断、研究和分析，寻找准顾客的方法。

利用个人观察法寻找顾客，关键在于培养推销人员个人的灵感和洞察力。推销人员还应具备良好的观察能力与分析能力，善于从报纸杂志、广播电视、人们的言谈举止、一些杂乱无章的闲谈中搜寻你的准顾客。在实际生活中，准顾客无处不在，有心的推销人员只要"睁大眼睛""竖起耳朵"，留心周围的任何事，就能找到可能的买主。例如，美国一个成就卓著的汽车推销员，整天开着一辆新汽车在住宅区街道上转来转去，寻找旧汽车。当他发现一辆旧汽车时，就通过电话和该汽车的主人交谈，并把这辆旧汽车的主人看作一位准顾客。

二、"上门"机遇

在寻找顾客的过程中，我们是"上门"供货商。我们掌握着 80% 或者更多的生意。很明显，我们花很多的时间在这种类型上，下一种类型是客户只从我们这儿买了一些产品或服务，典型的是少于 50%。我们并不直接上门。在这种情况下，我们花费很长的时间和客户沟通，尝试着明确今天我们和客户处于什么关系，我们如何提高自己的位置，又怎么样把我们今天的生意变成我们所期望的明天的生意。

三、最好的献给最高级的客户

好的销售流程应以了解谁是你最具潜力的客户开始。最具潜力的客户并非完全是陌生人——那些你设为目标的客户。实际上，他们往往是你目前已经拥有的客户。

你的目前客户是三番五次地从你这买一些东西的而非从未买过东西的人。当他们已经通过了任何潜在客户都曾通过的最重要的门槛，他们喜欢你且相信你。

基本上，若你有客户，只要料理好你目前的客户，你就可以实现你为自己设定的每一个目标。如果你又另辟生意，你会被迫从你的目前生意中退出而整天和完全陌生的人打交道。然而，大部分销售人员并不是这样的。之所以和你目前的客户维护联系，把他们视为你最好的潜在客户，那是因为你想尽最大的努力留住他们的生意。事实的另一面是三番五次地劝你目前的客户从你这购买产品要容易得多。因此，一个强有力的战略就是，和你目前的客户维护好联络。

事实上，在大多数生意中，销售中的 75%～80% 都是源于目前客户的重复订购。让我们假设一个销售人员，他一年做 200 万美元的生意。在下一年中，很可能那 200 万美元中的 160 万美元都是来自目前客户的重复生意。

四、你最有潜力的市场就是你的现有客户

戴尔和一位来自北达科他州的卖建筑工具的销售人员一起旅行，他做所有你可在建筑工地上看到的事：卖工具、租借、修理。他还卖手动工具、电动工具、脚手架、梯子、安全设备。他们在私人工地上开着车，戴尔不断地看着这些大工程。在旁边的一间移动工作室上印着包工头的名字，戴尔第一次看到这种移动工作室，问道："那是你的客户吗？"他说："不，我还没有打电话给他们。"

戴尔想那儿肯定有包工头，他们到了一所学校，那包工头的名字这儿也有。5分钟之后，他们站在了一个大的生产工厂的前面，同样，那包工头的名字也印在了移动办公室的上面。

"好！"戴尔说，"这包工头的来头究竟有多大？"结果证明他是他私人业务范围内的最大的包工头。之前，这位销售人员从未给他打过电话。

"为什么不打？"

"我听说15年前我们和他们做过生意，他们对我们并不满意，就停止从我们这购买货物了。"

"15年是一段很长的时间，我们应该回去！"

你会从他的眼中看到忧虑。为什么我们回头给一位15年前和我们有不愉快经历的客户打电话呢？

问题的关键是那人出售工具。谁会比其他人购买更多？总包工头、电器包工头、机械包工头——任何在位的包工头都会买很多的工具，从战略考虑，这样做很合适。在这样情况下，真是一个巨大的合适的机会。

戴尔问他："对这个公司你了解多少？我们进了公司之后你会说什么？你如何自我介绍？你又如何介绍你们的公司？你会带上什么东西吗？你会问些什么吗？等到了那儿后若遇到什么抵制，你又如何处理？"

他回答道："我会告诉他们我们的身份，我们做什么，我们和许多像他们一样的生意人合作。我知道很久之前我们彼此之间就做过生意。如果有任何疑问，在这儿我会万分小心地处理好。或者从未听说过我们，我想再重新开始发展关系，以前的事情一笔勾销，现在重新开始。"

"我们什么时候去？"戴尔问，"我们想确定谁是管事的，谁是 CFO，谁是副总裁，谁是总经理，这些就是我们新找的人，目标很高，你会惊奇，你需要多少信息才能找到你所要寻找的人。"

他们在非常友善的接待员面前做了自我介绍，她曾听说过他们的公司，他们想见总经理，她去通报了。销售人员坐立不安，他也不确定会发生什么事。

不一会，一个人走了出来，说："啊，我曾听说过你们的公司，我想知道一切关于你们的事，很多年前你们似乎从地球上消失了，你们在这儿有很好的信誉，我想知道为什么你们停止打电话给我们了呢？"

你能想象吗？他竟被数十年前的一句道听途说给误导，他竟害怕打电话。这个人说："我带你们去见我的老板，给我们详细的信息，我知道我们这现在就有需求，我们又接到了很多的生意，过去我们合作得很成功，我们应该重新开始。"

丢失的客户对于销售人员重新建立生意是一个巨大的机遇。在很多的例子中，同那些失去联系的客户的心态相比，销售人员的心态更加消极。

有很多的销售人员有这样的例子，都是关于曾购买他们产品而现在不再购买的例子——的确是个大问题，事情发展得很糟糕。因此，他们恨我们，不再愿意从我们这购买任何的东西。

在很多这种情况下，应该勇敢地说："让我们去瞧瞧他们！"为什么？因为爱的相反面（以前客户）是不会在意的。如果之前他曾爱过你，而现在恨你，至少还是会有点感情的。

最好的方法就是道歉，通过你自己的努力来让客户理解。你至少和他们回到了培养阶段，你们也可重新建立联系。不要忽视了以前客户。

五、对客户进行精确定位

我们一旦决定和一位特殊的客户联系，做附加生意，或者我们尝试同以前的客户做生意，那么认准 4 种合格客户的特征就非常重要了。

这 4 种特征可代表一个组织内部不一样的人。在很多小公司中，4 个特征都会在同样的人身上有所体现。在较大的组织内部，我们会发现 1～2 个人可能具备其中 1～2 个特征。在公司内，我们需要同五六个或者七八个人见面，依次了解我们身边那些可以代表公司做决策的人。让我们逐个看这些特征。

一位合格的决策者的第一特征就是有能力判断他们是否需要我们的产品和服务。最重要的是，这个人有能力来帮助下属更快、更安全、更简单地完成工作，确保公司没有落后于同行业的竞争者。

第二特征是权威高低。他是有足够的能力做出有助于推动公司发展的人吗？他是公司的所有者或是在公司某一特殊领域的最高级别的决策者，他可作出重要决定，从战略上推动公司发展吗？

他通常对大生意感兴趣。他从更高水平看待生意，并非对每天的琐事喋喋不休。此类决策者经常问"这样决策可以使公司发展得更快、更好，得到更多利益吗"此类问题。

第三特征就是那个人是否掌控财政。他们通常是买单人。这种类型的人对能让公司的财政取得最大的价值的方案感兴趣。可这也并不能说明他一直寻找便宜的解决之道或最低的价格。通常，此人明了你该付多少，他只是确定使公司投资的每一元钱都花得明智，以实现它的价值最大化。

第四特征是能想到那些我们没有立即想到的人。他们堪称"斗士"。他们的确没有足够的权威使事情在公司内部得到解决，但他们可能会愿意把我们的主张带进公司，促使事情发展。同决策者相比，他们是影响决策的人。

六、发掘有希望购买产品的顾客

科特勒将"发掘有希望购买产品的顾客"的过程分为 3 个步骤：确定目标市场，运用传播工具发现有希望购买产品的顾客，找出有希望购买产品的顾客。

1. 确定目标市场

如果吉列公司打算向十二三岁的小鬼行销刮胡刀，金百利—克拉克公司试图把好奇纸尿裤卖给没有小孩的家庭，我们会感到不可思议。具有正确心态的公司，不会试图对所有人进行行销。头脑清楚的钢铁公司，不会试图把钢铁卖给所有使用钢铁的公司。假设一家钢铁公司已完成"区隔、目标、定位"的工作，并已选定目标市场，它应该把重心放在汽车业、办公用品制造业或厨具业所需的钢铁上。一旦选定目标市场，要找出潜在的顾客，也就不再是非常困难的事。随着该公司对目标市场的逐渐了解——欲求为何、购买何种物品、在何时何地购买、以何种方式购买等，便可提高它发掘优良潜在客户的能力。

2. 运用传播工具争取顾客

企业可运用各种工具搜集潜在客户的名单，例如广告、直接信函、电话营销、商展等，甚至可以向名单经纪商或是无意间拥有企业需要的名单的其他人购买。

例如，有一家猫食制造商玛氏公司，希望能拿到德国境内养猫人士的名单。其中一种方式，便是在一家销路甚佳的报纸上刊登广告，宣称可免费提供题为"如何照顾您的爱猫"的手册。任何养猫人士只要填妥回函卡，并注明饲主姓名、猫的名字、猫龄与出生日期以及其他玛氏公司认为有用的信息，便可获赠此手册。大部分看到广告的养猫人士，可能都会索取这份手册。

3. 找出有希望购买产品的顾客

并不是所有的潜在客户都会购买公司的产品，这就要对顾客进行资格审查。所谓顾客资格审查，是指推销员对有可能成为顾客的某人或某组织进行考查和审核，以确定该对象是否能真正成为准顾客以及成为哪一类准顾客的过程。在采用各种方法获得潜在顾客名单后，为了提高工作业绩和成功概率，推销员还需要对这些"准顾客"进行评定审查，以论证他们是否具有挖掘开拓的潜力。顾客资格审查的实质是推销员为自己选择、确定特定的推销对象和范围，因为随着市场经济的发展，竞争日益激烈，推销工作日趋复杂和艰难。一个企业的规模再大，竞争能力再强，推销方法和技巧再精明，也不可能赢得市场上所有的潜在顾客，而只能满足其中一部分潜在顾客的需求。所以，推销员应根据自己的产品特点和宣传优势等实际情况，从整体市场中选择恰当的推销对象，从而利用有限的时间和费用，全力说服那些购买欲望强烈、购买量大、社会影响力大的顾客购买，以减少推销活动的盲目性，收到事半功倍的效果。

约见客户

一、事前准备

一旦我们弄明白了在某一特定公司内部决策是如何作出的，我们要做的下一步就是要搞清楚如何有策略地把握这次销售业务机会。我们要对这家公司及其合作伙伴和该公司的市场地位和市场环境进行调查研究。我们千万不可以忽视这一步骤。

在当今这个年代，信息技术无处不在，因此我们要尽可能多地获取有关这家公司的相关资料。这并不是说我们在接触这家公司的时候犹豫不决，而是因为我们需要等待获取有关这家公司的更多资料。我们一定要确保我们做好了"家庭作业"，即完全搞清楚这家公司的经营范围，他们的客户是谁，谁有可能是我们的竞争对手，以及这家公司的潜在需求是什么等，然后再进入我们销售流程的下一步。

二、初次与客户会面

随着销售流程的逐步展开，既然我们弄清楚了谁是这场游戏的玩家，也对这家公司有了相当的了解，那么现在是进入我们销售流程下一步的时候了。在大部分情况下，这意味着我们将给在这家公司决策层中的一个人打电话进行业务联系。在有些时候，我们的初次接触实际上有可能没有事先预约而直接拜访这家公司，虽然这样做值得商榷。第一次面对面地初次接触的最好的方法是使你情绪激昂且神智清醒，以更好地和一个陌生人打招呼，使其对你进入他的视野倍感舒服、亲切和温暖。这就意味着需要你走起路来昂首挺胸、面带微笑且充满信心。

你必须要做的下一步骤就是用自己的眼睛观察眼前发生的一切，并设法弄清楚谁是这家公司的总台接待人员或者行政助理，然后去接近这个人。如果总台电话一直响个不停或者接待人员一直忙个不停，那么在你有机会与接待人员打招呼之前，你唯一要做的事情就是静静地等待。当一切忙碌暂时告一段落的时候，你就可以径直走上前去，用非常清楚且直接的方式介绍自己，并告诉接待人员你及你所代表公司的名字，进一步询问是否可以与该公司直接负责你公司所提供的商品或服务的相关人员见一面。如果你被告知相关负责人必须提前预约才予以接见的话，你就把你的名片递给接待人员，并力争索取到你想面见的相关人员的名片、电话号码或者电子邮箱地址，然后告诉接待人员你将很快与其打电话，提前进行预约。最后对接待人员或者行政助理的接待表示感谢，并且一定不能忘记询问其尊姓大名。因为在下次进行电话预约的过程中，当接待人员接听电话的时候，你将成为成千上万个销售人员中唯一一个能够以直呼其名的方式礼貌地问候他的人。

在任何情况下，我们必须牢记，当我们每次与客户进行业务联系的时候，我们一定要有一个非常明确的目的，我们一定要乐意并且能够把下面这句话补充完整，即"我今天拜访客户的原因或目的是……"

大多数的销售人员在与客户进行业务洽谈时毫无目的性，或者初次会面就试图把商品或者服务销售给客户。恰恰相反，我们应该在对外销售的过程中将我们的注意力集中在获得与客户进行面对面的业务洽谈的预约上，或者在电话销售过程中要注意之前与客户联络了相当长的时间。

当我们再和客户约见的时候，我们一定要弄清楚此次约见的目的或者原因是什么，并且一定要考虑清楚什么对客户很重要以及我们能为客户带去什么潜在的益处。想象一下，如果有人打电话给你说："我想与你见面，因为我想为自己赚钱。"你认为这是他接近你这个客户的恰当方式吗？当然不是。

然而，很多销售人员在销售行为中满脑子里面都是"我，我，我"，或者是"我们公司这样，我们公司那样"，但根本就不去考虑什么对他们的客户很重要。例如，客户关注的益处有可能包括：

◇增加利润。

◇提高生产率或者改进流程。

◇节约时间。

◇获取竞争力。

◇降低生产成本。

就什么对我们的客户很重要而言，以上这些就是我们在和客户进行业务洽谈过程中吸引其注意力的正确方法。

三、约见：确定会谈氛围

过了公司总台这一关，你要做的下一步是什么呢？下一步就是一定要完整地把自己介绍给你要见面的相关负责人。在他们的工作环境中，你将成为一个不速之客。在这种情况下，你一定要让他们知道你是谁，你代表着哪家公司。

让他们简要了解你所做的业务。要用一句简短的话做开场白让他们了解你所代表的公司，特别是你自己从事的业务。

在面谈的过程中，我们一定要询问并重复客户的名字，比如："请问怎么称呼您呢？""多拉斯。""噢，多拉斯。您好，多拉斯。见到您真的很高兴。"

四、2 分钟电钻法

对于初次约见，当销售人员坐在他们面前的时候，任何一个买方或客户一直都在问自己 3 个问题：你是谁？为什么你在这儿？你能为我做什么呢？客户所期待的正是能明确回答这 3 个问题的销售人员。客户想知道你是否能够胜任，是否够正直，以及你的目的是什么。

这也是为什么当著名推销员汤姆首次与一个客户见面的时候会做出如下陈述的原因："您可能很想知道我是谁，为什么我在这儿以及为什么您会对这次面谈很感兴趣，难道说不是吗？"在他过去多年业务员的生涯中，他一直在观察当他作出以上陈述时客户的反应是什么，他们实际上是在点头同意他的看法。即使客户不给出点头这一身体语言，他们也确实同意他的看法，因为这正是他们大脑中所考虑的东西，他们想知道你究竟是谁，为什么你在那儿，以及为什么他们应该很重视这次业务合作。

运用"2 分钟电钻法"，当你说出"您可能很想知道……"这段开场白的时候，可以继续说下去了："我想耽搁您几分钟的时间介绍一下我们公司的经营范围和我的工作，我们能为客户做什么，我们有可能为您们公司做什么，然后我再和您聊一下您们的公司、您们的需求、您们公司目前所处的形势，以及您们所关心的话题，等等。在此之后，如果您认为我们的会谈很重要，或者您认为我们公司对您们会有所帮助的话，我们可以再看一下有没有必要继续进行我们的会谈。您看这样怎么样？"当你使用上面的这种方法去初次接触新客户时，你将会对你获取了如此多的客户信息而惊讶不已。

有技巧地激发购买欲望

一、问准问题

20 世纪 70 年代，一个称作卡罗慕玻的电视秀节目使得彼得·弗克成了一位糊里糊涂、衣冠不整的侦探家。当卡罗慕玻剧组的经营方式杂乱无章的时候，他却每星期破一起谋杀案。他成功的关键在于众所周知的问准问题的能力。他从不假设自己了解任何事情。

他就像一个医生，问问题，然后听病人的陈述。他使用的是"苏格拉底问题法"。为什么我们不使用这种方法呢？为什么我们不能问更多的问题呢？这是因为我们认为自己一定要有所有问题的答案，因此在我们问准问题之前，我们实际上已经主导了我们向客户的陈述。这就像把车子放在拉车的马前一样本末倒置，因此导致我们失败的原因关键还在于我们自己。

你现在拥有什么

我们现在需要向客户问的第一个系列问题应该紧紧围绕着目前的情势而展开，这些问题包括：

◇请问目前谁是贵公司的合作伙伴？

◇请问贵公司购买什么类型的产品？

◇请问什么类型的服务对贵公司最重要？

◇请问贵公司购买产品/服务的频率是多少？

◇请问贵公司实际上购买的是什么产品/服务？

◇请问贵公司已经购买这种产品/服务多长时间了？

◇请问什么对贵公司很重要？

◇请问贵公司想成功获取的是什么？

◇请问贵公司的目标是什么？

现在你已经把握住了问问题的要点。我们要对客户公司目前所处的情势感兴趣并充满好奇心。如果在我们问问题之前已经有了所问问题的正确答案，那么我们将是专横霸道的。这样做就像是去看庸医一样。当我们在医生房间里来回走动的时候，他/她就上下打量一下我们说："你腿有问题，马上到这儿来，我们将给你换上一只假肢！"如果你来看医生是因为你的脖子扭了，医生的行为将会是多么的荒谬。当然一位医生从来都不会这么做的，那么我们也不应该这么做。

客户最喜欢的是什么

第二个需要问的系列问题将就公司目前所处的情势紧紧围绕客户最喜欢的是什么来展开。你有可能会说："你很荒谬，客户将赞扬他们目前的合作伙伴，我们这样能够进一步确信他们将继续从那儿购买产品或服务。"好，你的这种质疑是对的，但也是错的。

说你是对的，这是因为客户应该告诉我们他们最喜欢现有客户的哪些方面。说你是错的，这是因为我们这么做并不会损及我们的利益。恰恰相反，我们这样做将能够给我们提供一个机会来看一下我们的产品或服务的解决方案是否是基于客户目前的需要之上的。

与此同时，这也表明我们去拜访客户并不是把一个解决方案强加给他。但我们真正感兴趣的是客户认为他们在目前情势下的成功之处在哪里。

二、用耳朵聆听，用眼睛观察，明确销售目标

当我们每次打销售电话的时候，我们都要有一个明确的目标，这一点对销售人员很重要，即每一次业务接触都要有一个目的。然而，我们客户所陈述的目标或尚未陈述的目标有可能凌驾于我们与之进行业务联系的目标之上，下面就来具体解释。

在大部分情况下，当我们即将与客户就某一种商品或服务进行电话联系的时候，我们往往对打电话时所要谈及的内容有一个先入为主的成见。但是如果我们能够仔细用耳朵聆听，用眼睛观察，明察秋毫，我们会发现我们确实应该追求一些除先入之见以外的其他东西。

例如，一位销售人员很想把某特定型号的榔头钻销售给某建筑承包商，并尝试与之进行业务洽谈。当他见到这个承包商的时候，他发现承包商那儿有着数不清的灭火器材。这种商品能够像打包带一样缠绕在管道的周围，从而有效避免烟火四处逃窜。毫无疑问，许许多多的建筑工地上都急需这种商品。当他看见这种灭火器材的时候，他发现今天与客户的业务洽谈将遭遇巨大的挫折。因为他所服务的公司能够向客户提供的并不是这种商品，而是他们所预先设定的榔头钻。因此，他此次拜访客户的目标也随之发生了变化，即询问客户生产这种商品的厂商以及他们如何才能竞争中标类似的业务。以上的例子就很直白地告诉我们应该如何仔细用耳朵聆听，用眼睛观察，明察秋毫，以及如何才能更好地把握住商业机会。

三、如何陈述产品特色和产品优势

吉尔曾经为一家主营化工产品的公司做销售培训，讲座的标题是"产品特色和产品优势"。在讲座开始之前，他给来听讲座的每一个人发了一个衣服架子。他说："在座的诸位朋友，大家好。假如你们在下面的两家公司中的一家从事销售业务工作，

即你们中的一半在一家木头制品公司工作，另外一半则在一家生产弹簧的公司上班。而我则是一家生产衣服架子公司的老板。现在你们的工作就是告诉我，为什么你们公司生产的衣服架子的木制构件或弹簧对我们公司有利？我希望你们的陈述能够集中在产品优势，而不是产品特色上。"此时此刻，每一个人都看着他说："您是什么意思？难道产品特色和产品优势之间有什么区别么？"他紧接着就跟他们解释两者之间的不同。

产品特色是指产品是什么，或者产品是怎么做出来的。让我们还拿衣服架子做例子。你可以说："这衣服架子是木头做的，而且木头已经被磨光。"因此，现在我们都知道这衣架是用磨光的木头做成的，这就是这种产品的特色。我们一定要理解产品特色是指产品是什么，或者产品是怎么做出来的。

事实上，许多销售人员把他们向客户的陈述集中在了公司的产品或服务的特色上，而不是产品优势上。因此，我们将使客户很难弄清楚我们产品的优势是什么。人们买电钻不是因为它是一块坚固无比的带尖的铁块，而是因为我们可以用它在墙上或木头上钻孔。

下面解释一下什么是产品优势。产品优势是指为什么产品特色很重要，即该产品对购买它的客户意味着什么。例如，如果别人告诉你这衣服架子是由磨光的木头制成的，你可能会说："这是产品特色。那么什么是它的优势呢？"

"那又有什么关系呢"测试

现在给你一个很好的提示。为了验证你所陈述的是产品特色还是产品优势，你可以应用"那又有什么关系呢"测试。如果你能够对某个人的陈述说："那又有什么关系呢？"那么他所陈述的内容对你来说就不是什么产品优势。

让我们在回到衣服架子的例子。这是一个衣服架子，它是用磨光的木头制作而成。那么对我们而言，他的优势是什么呢？那又与我们有什么关系呢？衣服架子的优势是什么？它的优势就是我们将能够使用它把衣服晾晒起来，而且不会损伤衣物，此外我们也不用担心它会断裂。这时候，难道我们还能对此说："噢，那又有什么关系呢？我宁愿被断裂的衣服架子划破流血，宁愿所有的棉料、丝料以及洋绒面料的衣服都被衣服架子弄得有褶皱。"

现在我们就已经很清楚地知道用磨光的木头制成的衣服架子的优势是：衣架无断裂（安全），衣物无损伤（保护你的投资）。因此我们当然不能对此说："那又有什么关系呢？"

举例说明产品优势

然而，许多销售人员都花了大量的时间来跟客户谈论产品的特色，而不是产品优势。产品优势使客户不能说："那又有什么关系呢？"因此客户将集中注意力倾听你所陈述的内容。举例说明产品的优势将使客户更加容易作出购买决定。

第一，人们喜欢节约时间。如果你向客户提供的产品或服务能让客户节约时间，这将是该产品的最大优势。比如说你正在销售一种会计服务系统。这种软件程序能够安装在客户的电脑上，这是该产品的特色，而能够节约客户的时间则是该产品的优势。这样我们将能够更加快速地向客户进行产品陈述。我们的陈述将准确无误且简明扼要，即客户购买它将节约时间。因此，节约时间是该会计服务软件程序的最大优势。

第二，节约金钱将是产品的另一大优势。现在节约金钱并不总是意味着"价格低廉"，而是意味着你所提供给客户的全套解决方案将帮助他节约开支。这也是我们不能够对此说"那又有什么关系呢"的一大产品优势。

第三，还有一个产品优势的切入点与客户的现有生活方式或他们想拥有的生活方式密切相关。他们怎样才能够生活得更加安全呢？他们怎么样才能够拥有他们向往的个人形象呢？他们怎么样才能够与领先者们步调一致呢？他们怎么样才能够成为技术更新专家或者是他们团队的领头羊呢？

以上都是与客户生活方式提高有关的例子——个人形象、个人安全保障以及个人安全感等。客户不能对此说："那又有什么关系呢？"因此提高客户生活品质是产品优势的又一大切入点。

当我们与客户进行业务洽谈的时候，我们需要谈及产品特色和产品优势。例如，你可能会对一个客户说："我是一个专业销售业务教育工作者、演讲家、销售助手。我是管理知识的源泉。我举办过形形色色的研讨会、各种演讲，也组建过许多工作组。我拥有全套销售从业人员能够用得到的培训材料。"

如果这就是你给客户所讲的全部，你实际上只是谈及到了前面所说的产品特色，而没有告诉客户任何产品优势。那么什么是产品优势呢？你的优势就是当你有机会和销售人员一起工作的时候，你可以帮助他们增加收入，帮助他们更有效地管理时间，帮助他们获得更大的职业满足感，帮助他们发挥潜力成为最佳销售人员，帮助他们提高销售额进而为公司创造更多的利润。所有的这些都是当你谈及公司服务特色时一定要谈到的服务优势。

仔细审查一下你们的公司及其产品，然后理清楚公司所经营的业务及所提供的解决方案中哪些方面是产品特色，并把这些特色转换成优势向客户予以陈述。万万不可让客户搞不清楚你们公司的产品或服务优势是什么。

再给大家举一个例子。当你看到你桌子上的定时器时，你就会想到它的特色之一就是它有 3 个按钮。别人可能会说："那又有什么关系呢？""为什么它有 3 个按钮很重要呢？"

实际上，这 3 个按钮的设置非常符合人类工程学的相关原理。因为这个定时器正好能够放在你的掌心中，与此同时其中的 2 个按钮正好能够用你的大拇指和食指按住。这就是这个定时器的产品特色，那么它的优势是什么呢？

它的优势就是它能够使你在演讲的过程中不必太在意时间，

并且使你能够准确地把你的演讲分成不同的时段进行，中间暂停休息。它便于使用，一目了然，因此它将使你在演讲过程中很少犯时间分配方面的错误，因为它能够使你不用看一眼便能准确记录下你演讲时间的长短。因此，它能使你更加高效率地进行自我演讲训练，而不需要再去劳神看你的手表。这按钮设置得如此科学合理，以至于把它拿在手中时，你的大拇指和食指正好很自然地按在按钮上面。

销售人员的工作就是为客户描绘图画，就像在上面举例子向你论述产品特色和产品优势之间的区别那样。在你的销售业务中，你对公司所能够提供给客户的产品或服务的特色和优势更加了解。因此建议你现在就拿出一张纸和一支笔把它们都记录下来。

吉尔至今还记得，当他于 1987 年开始从事销售业务工作的时候，他经常坐在家中的地下室里写出他所在公司的产品特色及其优势。你有可能会问："作为一位销售从业人员，为什么他有这么大的紧迫感需要经常坐在自己家里的地下室里把公司的产品特色和产品优势都写出来呢？"原因很简单，就是"再好的记性不如一个烂笔头"。这是一句很有名的中国俗语。

问题的关键是如果你在走出公司去拜访客户之前就把产品特色和产品优势都写下来的话，你就能更好地记住你所写下来的内容。

与客户谈论"蓝色"对我们的启发

一个共识就是不要太急于向客户陈述我们的解决方案。在许多情况下，当一个客户说"我真的很喜欢蓝色"的时候，我们总是急于插话，在时机还没有成熟的情况下就向客户陈述解决方案。在这种情况下，如果这个客户说："你知道，我之所以在这家公司上班是因为我确实喜欢蓝色。"如果我们插嘴说："蓝色，我们出了一本有关于蓝色色彩的书。我们向客户提供海蓝色、天蓝色、粉蓝色、皇家蓝色、蓝色波尔卡舞裙，以及蓝色脱衣舞裙等，不一而足。从来没有哪家公司能像我们这样经营过蓝色。"

如果你这么与客户交谈，你的客户将转转眼珠，闭上嘴，停止与你的谈话。为什么呢？因为他们认为你试图超越他们喜欢的一切。

下面才是正确的与客户谈话的技巧：当客户说他们喜欢什么东西的时候，你要控制住自己的情绪，让客户继续谈下去，并时不时地做一下记录。客户的讲话时间应该占据你与客户之间谈话全部时间的80％，而你仅仅需要占到时间的20％就足够了。谈完一个话题，你要简单地引导客户进入下一个话题。

四、向客户陈述解决方案

陈述解决方案可能是我们在开展业务时最容易切入的一个主题，但与此同时也是最难以应用到销售实践中去的一个主题。这主要是因为我们在销售过程中花费了太多的时间向客户陈述。我们认为向客户陈述解决方案的时候可以利用言辞、服务、商品、幻灯片，以及网页浏览等手段打动客户，但是作为销售流程中的一个环节，解决方案的陈述实际上应该尽可能地简明扼要。

简而言之，向客户陈述解决方案的过程实际上就是解决问题的过程。许多销售人员使用了太多的方法和华丽辞藻来谈及所能够提供商品或服务的特色和好处。最有效的陈述之法就是首先在问题阶段准确把握客户所想，即客户的需求是什么，客户所关注的是什么，以及客户为什么需要有所改变等，然后再向客户陈述解决方案，想客户之所想，急客户之所急，从而使我们提供给客户的解决方案与客户的需求相一致。

如果客户对我们公司的历史及营销网络毫无兴致，那么我们在向其陈述解决方案的过程中又何必提及它们呢？很多时候，正是因为我们过度地陈述，所以失去了一个又一个商业机会。

解决方案的陈述需要简明扼要

在我们更多地谈及解决方案之前，想先与你探讨一下在我们陈述解决方案的时候什么应该被提及。毫无疑问，解决方案的陈述对赢得客户一直扮演着至关重要的角色，但是实际上只不过是形式和内容的问题。大多数公司在陈述解决方案的时候使用的是华而不实的牛皮纸精美装订的宣传材料以及尽善尽美的幻灯片等。但是这并不是我们把握商业机会的正确方法。最佳的陈述解决问题的方式就是拿着一张纸、一支笔和怀揣一颗天生好问的心进行解决方案的陈述就行了。

对于一些视觉辅助展示手段的使用，我们也要注意技巧和方法。如果你发给客户视觉辅助材料，那么在客户浏览所发材料的时候一定要保持安静。如果销售人员就一款新车在向你陈述展示的时候，同时发给了你一张宣传材料，这时候你将马上处于一种矛盾尴尬的局面之中。因为此时此刻，你将不知道你是应该观看他的展示，还是浏览阅读手中的宣传材料，还是听他的解说陈述。

有些销售人员不恰当地使用了一些视觉辅助展示手段。但是我们一定要想清楚一点，即这一切只不过是工具，是辅助手段而已。如果你想让客户倾听你的陈述解说，那么就不要发给他们任何视觉辅助材料；如果你想让客户阅读浏览你所发的材料，那么你只需向他们展示一下，然后让客户自己阅读浏览就行了。

五、解决方案的陈述风格

我们不得不陈述大量的信息内容，以此向潜在的客户显示我们明白他们的需求。我们必须向客户陈述、展示一个灵活的解决方案，以解决客户的实际问题。除了要向客户陈述、展示我们所能提供的内容之外，我们还必须以一种充满活力和自信且生动形象的风格向客户进行陈述、展示。比如，使用具体的例子确保潜在客户完全明白我们所能够提供给他们的商品或服务。换而言之，我们应该以符合逻辑且充满激情的方式去吸引客户、去打动客户。或许有人认为，在销售过程中，一切的一切都是客观的、冷冰冰的，是基于复杂的计算之上的。这完全是一派胡言。一个人从另外一个人那里购买东西，情感的成分，即热情、自信且充满活力的形象以及生动的陈述是成功销售的关键。

六、确定解决方案

解决方案要能够解决问题，直白且简明扼要。这就是我们作为专业销售人员要做的。鲍勃讲的一件事应该会给我们很大的启发：

当我买房子的时候，我买了一桶油漆粉刷墙面。没有用完的油漆一直被放在家里的某个角落。当我找到的时候，油漆桶早已生锈、破旧不堪，而且这个牌子的油漆在我们镇上现在没有销售。我们家墙粉刷的颜色是平光乳白色，而我们希望把家里的木制构件全部油漆成光亮乳白色，因此我们需要配色。这主要是因为我们家 8 岁的女儿希望家里木制构件的颜色能够跟墙壁的颜色一致，都油漆成乳白色。

因此我打电话给我们镇上的油漆店说："您好，请您帮个忙。我们家里现有舒文·威廉姆斯牌的油漆，色系属于格力登色。我知道你们店里不销售舒文·威廉姆斯牌的油漆，也没有格力登色，但是请问你们能够帮助我配色么？"

店里的销售人员回答说："我们当然能够帮助您配色。我们是油漆问题解决专家。我们一直为客户提供配色服务，而且颜色配的也相当完美。你知道，我们现在使用电脑配色。请问你有一小片剥落的油漆么？"听到这样的回答后，我说："太好了，我将马上把家里剩下的油漆桶带过去配色。"

因此在这家油漆店里，销售员大卫帮了我一个大忙。大卫从油漆桶内壁刮下一小片油漆，然后把油漆片放进一个色谱分析仪里，很快配色成功了。5分钟后，我买到了不同厂家生产的同一颜色的油漆回家了。

　　作为销售人员，如果我们每次都能够如此准确地满足客户的需求，那该多好呀！

第三章　维护并拓展你的销售业务

维护你的客户

一、三大特征

如果你不关心你的客户，将会有两种情况发生：第一，其他人将会关心你的客户；第二，客户会把和你交易过程中产生的不愉快经历告诉身边的人。总地来说，如果客户在与你交易的过程中有糟糕的经历；如果某些方面未向正常方向发展；如果客户感觉销售人员行为粗鲁，或不了解他们，或者没考虑他们的需求，他们就会把他的经历告诉他们身边的 9～20 个人。作为销售人员，我们想要避免这种事情的发生其实是很简单的。

出现在客户需要你的地方

比如说，当你走进银行的时候，银行职员正在核对支票或者处理一些文案工作。这时候你只好站在那里耐心地等待服务，但如果那个职员认为他的文案工作比你的事情更重要而将你冷落，你将会作何感想？你不会对此感觉良好吧？为什么在这儿举这个例子呢？原因其实很简单，那就是：在你 90％ 的时间中，要想销售业务取得成功，当客户需要你时，你就应该在客户那里出现。

伍迪·艾伦总是扮演同一角色——卑微、神经质，脑海中总装着纽约自由主义。在电影《山姆，让我们再玩一次》中，他对由戴安娜·理顿扮演的角色说："我已经彻底懂得了在生活中成功的秘密。"她看着他，似乎在说你甚至都不能系鞋带，对于生活中成功的秘诀你能知道什么？伍迪·艾伦此时却说出了最令人惊讶的话，即"生活中90％的成功在于在需要你的时候就及时出现在那里"。

关心客户的最佳方式是什么？就此问题，我们曾成千上万次地询问过客户，他们对这个问题的普遍地回答是："在我需要你的时候，你就应该出现在那里。"这就意味着你不必是最快的，你给的价格不必是最便宜的，你售卖的产品也不必是最高档的，但倘若你在客户需要你的时候，你就出现在了那里，你就能够不断满足你的客户的需求。

如果客户需要你时你能出现，你就会成功。这不是尖端科学，这是非常简单的常识。例如，有个客户下午两点打电话说想要你在第二天上午 10 点交付所订购的产品，并且你答应会给予安排，那你就必须按照约定办事，确保你此承诺不会使你所在公司的任何一个人员失望，并且在第二天上午 10 点交付所订购的产品。

我们为什么不能够按照一句哲学格言行事呢？即"我为你而存在"。我们如何实现这一个承诺？我们要对那些买你东西的人说："你是我的客户，我为你而存在。这是我的手机号码和电子邮箱地址，这是我的呼机号码，这是 24 小时免费热线，这是我的网址，即使在我在睡觉的时候，你也能够联系上我。"当客户有疑问、问题，或者抱怨的时候，我们要确保你所在的工作团队的其他人员知道怎样才能及时联系到你，还有你去了哪里，以及你什么时候才能回来。

看看联邦快递公司是怎样成功的吧？当你的确需要某种产品的时候，他们第二天就可以为你送达。这在以前的物流业是闻所未闻的，直到他们创造出这一理念。

"是的，客户，我为你而存在。"这不仅仅是一句精妙的广告语。

要有颗感恩的心

另一个关心客户的最佳方法是什么呢？说感谢如何呢？谢谢你成为我的客户；谢谢你给我订单；谢谢你为我提供获利的机会；谢谢你确保我们之间能够如此顺畅地履行合约；谢谢你为我提供信息。

想想当你买过那么多东西的时候，有多少人对你表示感谢。谢谢你成为客户；谢谢你通过我买下了这套房字；谢谢你通过我买下了这份保险、这份保障；谢谢你在我所工作的电台为你的产品和服务做广告宣传。

在每个人生活中，在各种商业活动中，"谢谢"这两个字是在我们所认识的单词中最没有被充分使用的。"谢谢"拉近了你与客户的距离。有很多种不同的情况需要我们感谢客户，我们绝不能不把客户当回事。

要有责任感

维护客户的最后一点是我们要对客户负责。对他们说："我为你负责。"意思是如果有什么出了问题，我来解决。不要说："唉！要不是那些客户，我早就完成任务了。"你曾听到过的这些都是错误的，因为若不是那些客户，我们早就已经失业了。

有责任感的最基本要素是要按时交货。如果你说你用 5 个音符就能定调，这时你的客户就对你建立了期望，即他们希望你能用 5 个音符定调。因此如果你需用 8 个、10 个，或更多的音符才能定调，你就将会让客户完全失望。要对你的承诺负责，要有责任感。

二、问客户使销售额递增的两个最重要问题

正如我们在先前的关于潜在客户的讨论中所发现的一样，明白"现有客户是最好的客户"是很重要的，我们发现大多数销售组织仅通过问客户两个简单问题，便可以使销售业务每年以 5%～10%的速度增长。

还有什么

第一个问题是："我还可以为你做什么？"我们知道，销售部门往往会散发精美的宣传册和产品目录，以及在电视、电台和互联网上做广告。但购买者对供货商真正卖些什么还是知之甚少。举个例子，比如你是经营办公用品商店的，有个客户要买各种电子产品，如计算器、计算机、打印机和外部设备等，但你主要经营的是钢笔、铅笔和便笺，他们可能不会把你当成文具供应商，而是当成高科技产品供应商，他们甚至不知道你经营文具，因为这不是他们所关注的。我们的工作就是坚持不懈、始终如一地提出能让客户与我们做生意的其他方式，以便我们能一直提供给他们可以从我们公司购买的任何产品。绑定销售和越区销售是销售人员未充分利用的方式，它们不可忽视。以下问句就是"还有什么"的具体形式。

◇我还能为您做什么呢？

◇还有别的产品需要我展示给您吗？

◇您希望我为您提供什么服务呢？

◇您想让我怎样帮助您呢？

◇是解决问题，还是在其他方面有忧虑呢？

还有谁

第二个我们要问客户的问题是："还有谁？"我们总想扩大对客户群的影响，以便使我们能与客户的同伴建立起更多的业务联系。

问客户这个问题不会使你疏远现有客户。你可以说："在您们公司，除了您，我还可以跟谁联系呢？"或者"除了您之外，在您们的单位，我还可以跟谁联系？"在特定的客户群体中，我们可以询问多种类型的人，以了解我们还可以和谁合作是很重要的。与此同时，这也是我们得到内部介绍人的重要途径。

三、利用各种渠道与客户交流

毋庸置疑，使用新技术是拓展销售业务和维护客户的神奇方法。其实每天都有对销售人员有用的新技术问世。然而遗憾的是，许多销售人员不敢接受并利用新技术，而是选择墨守成规。

过去很多年里，许多新技术的出现帮助了销售人员。20 世纪 70 年代末 80 年代初，便携式电话是个新发明。而后它被称为"移动电话"，或汽车无线电话，因为你必须把它安装在汽车上。当时很多积极进取的销售人员都在车里安装了这种电话，即使当时的价格是当今的 20～30 倍。为什么当时这些销售人员愿意花费巨资在移动电话上呢？因为他们知道这项新技术不仅能够节约时间，而且还能够帮助他们联系客户。他们不用再把车停靠在路边，然后去使用公用电话。积极进取的销售人员能接受新技术。

个人电脑的问世又是怎样的情况呢？1983 年之前，没有个人电脑；1993 年，个人电脑如雨后春笋般出现。想象一下当你带着笔记本电脑到你客户的办公室去拜访时，你的电脑里面存储着大量的数据，并且能够随时随地获取大量信息，那将会对你有多大的帮助啊。

接着，我们目睹了电子邮件和万维网的问世。这是聪明且有进取心的销售人员非常欢迎的新技术。这是与客户联系的最好方式。你不可能每天都给每个客户打电话，就连每周或每月给他们打一次电话都不可能。而且很多时候由于他们不在，我们只能留言。电子简讯可以让你把一些有价值的东西发送给你的客户群，他们收到时既可以当即查看，又可以放在一边稍后再看，也可以随心所欲地将其删除。

你可以每隔 2～3 个星期向你的客户群发一份电子简讯。所发的信息内容既简单易懂，又能激发他们给你回电话，或在需要更多信息时通过写电子邮件回复你。你每发一份简讯都能给你带来 5～10 个商机，其中有很多来自现有客户。

专业销售人员必须乐于接受新技术，并且敢于冒险。说销售人员要成为有计划的冒险家并不是指我们什么都可以豁出去，而是指我们愿意尝试新事物。我们经常反复做着同样的事情却期待不同的结果，而那些锐意进取的销售人员总是尝试并且乐于接受新事物、新技术以推动他们业务的拓展。接受改变对我们来说是必需的，而许多新技术则不断地向我们证明它们是让我们接受市场地位、市场环境和商业的变化的有效途径。

技术应用

这里所提到的一种有影响力的技术，其实就是使用电子邮件与客户进行业务交流，使用各种网络信息资源来提升我们的销售业务量。使用电子邮件最有意思的是，我们可以在原本不是真实的时间里与客户进行业务交流。意思是说，如果我们给某些人打电话而他们不在，我们就得留言。而当他们回电话时，我们却因为在路上而接不到电话。然而，使用电子邮件我们可以把信息资料发送到他们的电子信箱，他们就可以在空闲的时候浏览（也就是说在他们"真实的时间里"），然后对我们的电子邮件予以回复。

比如说，如果这时我们还在路上，那么两个小时以后回到办公室，我们就可以打开他们的回复邮件，然后在我们"真实的时间"里给以答复。对于销售人员来说，大部分时间都需要使用电子邮件与客户进行业务联系。

四、以正确的方式开展业务活动

现在让我们看一下我们应该如何规划我们的时间。我们的时间安排应该是把适当的时间使用在适当的商业机会之上。首先我们必须先回顾一下我们在前面所提出的几个概念。正如我们所讨论的，一个八面玲珑的销售人员有 3 项基本的工作要做：

第一，必须维持好现有的销售业务；第二，必须不断开拓现有的销售业务；第三，必须寻找并创造新的销售业务。把这3点综合在一起，它们就成了现在和将来塑造八面玲珑销售人员的金科玉律。

另一个我们讨论了很多的概念是确保在适当的销售业务活动上花费适当的时间。我们也明白，适当的业务活动将会产生我们所追求的较高的效率。较高的效率将有助于我们实现销售目标，但这是建立在销售计划之上的。现在让我们看看这几个概念在一起是如何相互作用的。我们必须保证都在适当的时间做着正确的事情。这就是以正确的方式开展业务活动。

A级和B级客户的销售实践

对于我们的A级和B级客户而言，我们必须问我们自己3个问题。这里的A级和B级客户是指那些正在和我们有大量业务联系的客户或者有潜力成为我们核心客户的客户。

第一个问题，我们怎样才能够维持我们现在所拥有的业务？这意味着我们必须要做下面的诸多事情：

◇和客户一起工作，确保与客户公司的所有决策人员都维持着一定的关系。

◇了解谁是我们的业务竞争对手以及竞争的激烈程度。

◇了解某一特定客户的战略方向选择。

◇了解客户是否对我们的服务满意。

◇了解我们在开展销售业务活动中所碰到障碍的类型。

◇了解我们怎么做才能够使得我们与客户间的业务往来更加顺畅。

◇询问我们怎样做才能够维持我们与客户间的业务往来。

第二个问题是，我们怎样才能够进一步挖掘客户的销售潜力？这是一个很简单却很深刻的问题。你可以这样做：首先，掏出一张纸，在纸的一面写下你的某一个客户从你那所购买的所有商品或服务的不同种类；然后在纸的另一面写下与这个客户一样的其他客户可能从你那儿购买的所有商品或服务。

接下来把纸这一面客户的新主意、新观点介绍给纸另一面的客户，让他们知道你所介绍的这些观点和主意能够帮助他们更好地开展他们的业务，节省他们的时间，节约他们的金钱，为他们的事业营造一个更加安全的环境，提高他们的职业素质等。

第三个问题，是不是存在这样的机会呢，即这类客户能否把我们推荐给与他们有业务联系而与我们没有业务联系的公司呢？这就是客户推荐的关键——找出现有客户认识而我们不认识的新客户，并力争得到现有客户的介绍。

C 级客户的销售实践

对于 C 级客户，我们销售实践所关注的焦点稍有不同。顺便说一下，你可能会问为什么我们还要去拜访 C 级客户。问题的答案是我们想把 C 级客户群当作我们明天的 A 级客户和 B 级客户的培育基地。

对于 C 级客户群，我们需要问我们自己这些问题：

"我们起初与这类客户接触的出发点是什么，以及他们为什么愿意先与我们会面？"如果他们属于 C 级客户群，他们可能对我们并不是特别了解。他们现在有供应商，因此我们需要想清楚当我们初次接触他们的时候，我们到底应该与他们谈些什么。

我们需要问自己的第二个问题是：什么是我们与客户接触的导入媒介，以及我们说什么才能够说服他们至少与我们会面，共同分享想法，或者甚至回答一些不利于使他们与我们进行行业务合作的问题（例如：他们规模太小；他们打算一直小规模经营；或者他们同我们一直未打败的竞争对手存在着家族式的业务往来关系等）。我们需要问的这些问题将能够帮助我们去判断我们是否能够把这些 C 级客户转化为 A 级或 B 级客户。

另一个我们需要问自己的问题是：我们获取市场份额的主

意是什么？一个有助于回答该问题的好方法就是问我们自己：现在与他们存在业务往来的最弱的竞争对手是谁？你知道，人们说一个链子的强度取决于连接它的最弱部分的强度。当我们可以很容易打败薄弱的竞争对手的时候，为什么却去跟实力最强、竞争也最激烈的竞争对手同台竞争呢？

现在，你可能会说："那不是以一种巧取豪夺的方式去进行你的销售业务吗？"答案是肯定的。我们要先跟最弱的竞争对手进行竞争，因为这将使我们能够在我们的 C 级客户群中铸就信誉、忠诚和影响力，然后再与相对较强的竞争对手进行业务竞争。

如果我们不能和客户正确地进行业务往来，那么我们的 A 级或 B 级客户群中可能就存在着 C 级客户。因此，我们需要问自己的最后一个问题是，我们还需要与哪些决策层的人员进行会面以实现我们销售业务的突破？如果你没有从一家公司中获取大部分的业务，那么与该公司一些其他新的决策层人员会面并不存在什么风险。你是一位决策影响者而不是决策者，于是你想接近那些具有决策权的上层人员。

与客户进行业务联络的频率

很多人经常问这个问题：我们应该多长时间拜访客户一次？多年前，当汤姆和一个销售人员一起工作的时候，汤姆问他："我们今天将去拜访哪家客户？为什么去拜访？"他回答道："今天是星期二，这是我星期二的日程安排。"汤姆注意到他将要去拜访许多小的客户。这些客户与他们的业务量很少，或许永远都不可能会很多。我们称他们为 C 级客户。

汤姆问他："你为什么每个星期都和这些客户进行电话联系？"他确实没有一个很好的答案。如果你知道一些客户在过去的 10 年里仅仅从你这里买了少量的货物，那么他们将是最谦虚的玩家，而且在未来 10 年他们仍只会向你买些少量货物。既然这样，那么为什么还要给这类客户每个星期都打电话呢？为什么不问一下这类客户："你认为我多久给你打电话一次合适呢？你看我们每月做一次面对面的交流，而在其他时间进行电话预约交流，你认为可以吗？"如果销售人员采用了询问这类客户应该多长时间给他们打一次电话这样的战略，那么该销售人员节省的时间将会是令人惊讶的。

那么他花时间都是用来做什么呢？他每天忙于联络他的 A 级客户群和 B 级客户群中那些并不活跃的前景客户。而在此之前，他却从不给他们打电话进行业务联系。很显然，他这样做等于是拾到芝麻而丢了西瓜。

持之以恒，坚持不懈，一如既往

曾遇到过很多有关于销售人员要"持之以恒，坚持不懈，一如既往"的故事。我们也曾就这个问题咨询了无数的销售人员。最近我们还与一个客户还有一群销售人员一起就"持之以恒，坚持不懈，一如既往"对我们追求销售机会的重要性进行了有益的探讨。很明显，这种精神对我们的客户以及我们所在的公司都是很重要的。

在探讨过程中，其中一个销售人员问："在我们追求一个客户的过程中，坚持多长时间才算是太长时间了？还有我们在什么时候才应该放弃追求这个客户？"答案是：如果这个客户是一个潜在 A 级客户或 B 级客户，我们应该永不放弃。我们应该持之以恒地、一如既往地拜访这个客户，直到他实际上开始给我们一些业务做的时候，或者对我们说"不"，并且这是他对我们的最终答复的时候，才肯罢休。

需要提醒你的是，客户一般很少对我们希望与他们开展业务的请求一口拒绝。在绝大多数情况下，只要我们"持之以恒，坚持不懈，一如既往"，我们就能够把我们的销售业务开拓得更大。

另外一个销售人员说："是的，我们已经与一个特定的商业合作伙伴建立业务关系，然而一个极具竞争力的供应商在过去两年期间每个月拜访我们一次。我们不断地告诉他，'我们已经有固定供货商了，而且我们也不打算改变我们目前的业务关系，你是在浪费你的时间'。但是这个销售代表却说，'我们不是想做一个惹人讨厌的家伙。我们只是想让你知道，我们就在这儿等着，有可能会发生一些事情，而你们也有可能在这段时间的任何一天寻找一个不同的供货商。我只是想让你知道，如果确实因为发生了这类的事情而你想物色新的供货商的时候，我们能够帮助你'。"

我们必须一直问自己这个问题："我们是不是做到了足够的'持之以恒，坚持不懈，一如既往'，从而没有错过客户因为需要有所改变而需要我们帮助的那一天呢？"事实上，我们应该在"持之以恒，坚持不懈，一如既往"和"惹人讨厌"之间找到一条适当的界线，即让客户知道我们一直都会以一种"持之以恒，坚持不懈，一如既往"的方式在客户需要有所改变的时候给他们提供帮助。如果你超越了这条线，那么你就会变成一个惹人讨厌的家伙。如果是这样，你要让客户告诉你他能够接受的方式方法，这样你才不会变成一位惹客户讨厌的家伙。

发起成功销售活动

我们必须集中注意力，才能把企业做大做强。这对于我们拉动未来销售前景的活动尤其适用。我们中有人花过多精力在给太多人打电话之上。我们应当减少花在接触客户之上的时间，相反应集中精力打一系列大的销售战。

建议要拥有3~4场销售活动，不管在何时都应该这样。这里有一些例子：

◇增加对现有客户的销售活动。

◇保持对现有客户的销售活动。

◇在我们所希望发展的新的地区开展地域销售活动。

这些活动既可以是围绕我们所提供的产品或服务所展开的活动，也可以是获取介绍人的活动，还可以是对那些有影响力的人展开的活动。也就是说，我们可以开展各种各样的活动。我们每一次开展 3~4 次销售活动，并在我们转而开展一系列新的活动之前，花 30 天、60 天、90 天，甚至 6 个月的时间把精力投入到这些活动里面。

制订客户回顾计划

如果你因做对事情而使机会增加，或因做错事情导致未来产生风险，那么花时间查询客户名单是很重要的。建议你在 A、B 级客户中每季度进行一次客户回顾。这种客户回顾应包括一些具体的行动。

首先，你应当感谢客户在过去的 1 个月、1 个季度或 1 年中给你带来的业务——你可以提及具体的业务。你应该带去你的报告，并让他们看看他们从你那儿购买了什么，并告诉他们你对此有多感激。

其次，提供给客户如何更好地利用你的产品与服务的意见。对于客户，应该有从质或量的角度去购买的更好的方式。实际上，你能提供的不同产品或服务对这种客户可能会更合适，当你有机会去看上季度、上个月或去年的销售总额时，你便会对他们更加有策略。

再次，进行更加深入的战略讨论，问诸如此类的问题：

◇你们公司的战略计划是什么？

◇你们公司今年率先开展的业务是什么？

◇对你们来说什么才是重要的？

◇你们生意所面临的最富有挑战性的问题是什么？

◇你们承受着哪些业务所带来的令你们担忧的竞争压力？

◇你们行业贸易的具体报告所揭示的哪些问题是你们当前应该考虑的？

真正从战略上去找寻出什么对客户来说什么是重要的，以及你们公司如何能够跟上脚步。客户回顾的另一部分是探索新的其他需求。问诸如此类的问题：

◇是否存在这样一些地区，因为要与一个商人接触而能够让你在凌晨 3 点醒来大声尖叫？

◇我们如何能更好地为你服务？

不进行反对竞争的演说和对你自己产品或优质服务的独白，你可能会发现你在向素食主义者卖肉。很显然那是不奏效的。为什么不问一下客户？那就是客户回顾的第三部分所要探索新的其他需求的原因——问客户开放性的问题。

最后，你应该提出新的观点。给客户显示你公司将要努力的方向，以及让他们知道你正在做的那些令人兴奋的希望维持或增长业务量的事情。你还得告诉他们可以为他们创造使用你们产品或服务的新方法。举例说明怎么样能够节省时间，怎么样使作业按流水线进行，以减少错误，减少令人烦恼之事的发生或在他们的底线上为他们增加利润。并且，因为前期在讨论中你已经花了大量时间谈论他们的需求，他们便乐于听取你公司里的新事物。

这是客户回顾的本质，销售人员做到这点是至关重要的。

培养长期顾客

一、了解顾客发展阶段，培养顾客的忠诚

企业若想将新顾客培养成购买量更大且更为忠诚的顾客，必须要了解顾客要历经的阶段。根据科特勒的看法，顾客发展阶段主要包括如下几个：首度惠顾顾客、续购顾客、客户、大力提倡者、会员、合伙人和部分持有人，这几个阶段是层层递进的。科特勒认为企业需要做的就是设法把顾客从前一个阶段推向后一个阶段。

1. 首度惠顾顾客

首度惠顾顾客——无论是购买网球拍、汽车、法律服务还

是投宿旅馆，都会对此笔交易与供应者形成一种感受。在交易发生前，由于朋友等人的告知、卖方的承诺以及过去相似交易的一般经验，顾客会产生某种期待。科特勒认为，在交易发生后，顾客会体验到 5 种满意度中的一种：极为满意、满意、没感觉、不满意、非常不满意。

科特勒发现，新顾客是否会再次与供应商交易，与他初次购买的满意度关系很大。根据公司的报告，完全满意的顾客在一年半后再度购买该产品的机会是满意顾客的 6 倍之多。因此，如果企业想要吸引顾客再度上门，就必须定期对顾客满意度进行调查。最理想的结果是，顾客满足度指标显示大部分的顾客都感到满意或极为满意，但这种情况很少发生。如果顾客满意度指标显示感到不满的顾客人数众多，科特勒认为企业应该反省，找出其中的原因。有一种可能是该公司的业务员得寸进尺试图说服顾客购买他们不需要的产品；另一种可能是业务员过分夸大产品或服务，结果顾客大感失望而产生不满。

科特勒指出，感到不满的顾客所造成的损害，远不止这些顾客的终身消费金额。他警告企业千万不可低估愤怒的顾客所产生的力量。"技术性协助研究计划"（TARP）的研究发现，一位非常不满的顾客会向其他的 11 位朋友诉说其失望感，而这 11 人又会再告诉其他人，最后听过此公司不良事迹的潜在顾客人数会呈指数型增加。

为了有效挽回这批顾客，企业应该建立起某些机制，使感到不满的顾客能轻易地与公司取得联系。如果有顾客投诉，应该快速有效地解决他的问题。科特勒发现了一个有趣的现象，即提出抱怨但得到满意解决的顾客比起那些从未感到失望的顾客有更高的忠诚度。

迪斯尼公司建立了一种对顾客投诉"马上解决"的体系。这要求所有的员工在与顾客打交道时，公司会授予他们一定的权利，让他们依情况决定该怎样做。在英国航空公司，所有员工都被赋予这样的权利：可以自行处理价值 5000 美元以内的投诉案，并且有一个包括了 12 种可供挑选礼物的清单。

Grandvision，一家光学与冲印摄影制品公司，在 15 个国家拥有 800 间零售店，宣称员工十大权利的一部分是"无论什么，只要让顾客满意，你都有权去做"。迪斯尼和 Grandvision 的做法为他们的企业赢得了大批忠诚的顾客。

2. 续购顾客

对于企业来说，首度惠顾顾客所带来的利益各不相同。有些顾客会大量采购，并且有财力与兴趣购买更多的东西；有些人的采购金额并不大，而且以后可能也不会再度采购。因此，营销人员必须把重心放在首度惠顾的顾客上，并想方设法将他们转变为续购顾客。

企业发现，在公司购物越久的顾客越具有获利性。科特勒指出，老主顾具获利性的因素有 4 个方面：

（1）假如高度满意的话，留下来的顾客会随着时间增加而购买更多的物品。一旦顾客与卖方建立起购买关系，他们便会持续地向同一卖方采购，部分原因是由于顾客懒得另寻其他供应商。假如需求增长，顾客便会购买更多。

（2）用于服务老顾客的成本，会随着时间的增加而递减。续购顾客的交易行为会变成例行公事，许多事情不必签署一大堆文件，双方也能互相了解。信赖感一旦建立，可为双方省下大量的时间与成本。

（3）高度满意的顾客，经常会把卖方推荐给其他的潜在顾客。

（4）在面对卖方合理的价格调涨时，老顾客对价格的反应会相对弱一些。

3. 客户

一个拥有许多顾客的企业，开始将顾客视为客户，并以"客户"的方式对待他们。那么，顾客和客户之间有什么不同？

（1）专业性事务所的成员，更了解他们的客户。

（2）他们付出更多的时间，以协助并满足客户。

（3）他们与客户之间的关系更有持续性，并因此对客户更加熟悉，更能为客户着想。

4. 大力提倡者

如果客户对某家公司十分欣赏，他就愈加赞美它，无论在主动还是邀请的情况下都一样。"满意的客户便是最佳的广告。"依据帕克—汉尼芬公司首席执行官杜安·柯林斯的说法："满意的顾客会变成你的信徒。"许多公司把目标放在创造出狂热者，而非顾客。人们对朋友与相识者意见的信赖，远超过他们在媒体上所看到的广告或是代言人对产品的大肆宣传。真正的问题在于，企业是否能采取额外的措施，以刺激正面口碑的产生。

5. 会员

厂商为了维护客户，也许会推出享有特殊优惠权利的会员计划。此创意的高明之处在于假如会员享有足够的特殊利益，他们便不愿意转换品牌，以免失去原来享有的权利。

6. 合伙人

有些公司更进一步地将顾客视为合伙人，请顾客对新产品的设计提供协助，对该公司的服务提出改善的建议，或邀请顾客担任顾客小组成员，科特勒非常赞赏这种做法。很明显，这样做有利于赢得顾客的认同，从而为企业培养更多的忠诚顾客。

7. 部分持有人

让顾客变得忠诚的最高境界便是让顾客成为股东，也就是公司的部分持有人。事实上，在某些企业中，顾客便是其法律上的持有人。如有一种相互保险公司便是由顾客持有（相互保险公司未必对投保顾客特别殷勤，但原则上如此），消费合作社的顾客，同时也就是该合作社的持有人。在由批发商出资成立的合作社中，零售商也持有该合作社的股份。零售商通过合作社采购物品，所收到的股利便是基于当初的采购金额而定的。

在消费合作社中，消费者对合作社的政策拥有发言权，并以消费的程度来决定股利所得的多寡。

对主要顾客发展阶段进行深入思考可以帮助企业终身维系顾客，针对不同程度、不同阶段的顾客制订优惠方案。

二、如何长期维护老顾客

科特勒指出，企业最容易犯的一个错误是认为最大的顾客就是能为企业带来最多利润的顾客。事实上，中型顾客为企业所带来的投资回报率常常比最大的顾客还高。

顾客是企业生存和发展的基础，市场竞争的实质是一场争取顾客资源的竞争，因此，任何企业都必须依赖于顾客。

经过潜在顾客的挖掘和首度惠顾之后，企业可以将这些顾客全部归为老顾客的行列。

据研究发现，吸引一位新的消费者所花的费用是保留一位老顾客的 5 倍以上。

美国《哈佛商业评论》发表的一项研究报告指出：再次光临的顾客可为公司带来 25％～85％ 的利润，吸引他们再来的因素中，首先是服务质量的好坏，其次是产品的本身，最后才是价格。

另据美国汽车业的调查：一个满意的顾客会引发 8 笔潜在的生意，其中至少有 1 笔成交；一个不满意的顾客会影响 25 个人的意愿。争取一位新顾客所花的成本是保住一个老顾客的费用的 6 倍。

美国可口可乐公司称，一听可口可乐才 0.5 美元，而锁定一个顾客买 10 年（假定该顾客平均每天消费 3 听可口可乐），即代表了 5000 多美元的销售额。

由上可以看出，如果今天的公司仍采用传统的营销方法，将重点放在吸引新的消费者上面，而忽视老顾客的利益，这必然导致公司利润的下降与市场份额占有率的降低。

因此，竞争所导致的争取新顾客的难度和成本的上升，使越来越多的企业把重点转向保持现有的顾客。建立与顾客的长期友好关系，并把这种关系视为企业最宝贵的资产，成为现代市场营销的一个重要趋势。

简单地说，没有稳定的顾客，就没有稳定的财源；竞争越是激烈，越要保持与顾客的联系；找到顾客并不难，难的是维系顾客。

要维系一个老顾客，使之长期忠诚于企业，科特勒建议企业从 3 个方面下手：

1. 发现老顾客的期望

如果企业把行销的重点放在最重要的老顾客身上，就要找出企业心目中的优质服务与他们的期望差距何在。在做这项工作时，要从开放式问题以及所选定的一群人开始着手，然后转向比较正式的研究方法——前后都要注意"精确地观察"，而非一味寻求一大堆可能具有误导作用的正确数字。

企业要研究什么呢？要研究竞争对手所采取的行销策略，设法了解其处在服务生命周期中的阶段。然后研究如何有针对性地一举超越他们，以及如何抓住他们的弱点，削弱他们的优势，避免自己陷入恶性的服务循环中。据一项权威的调查研究显示，在"老顾客为何转向竞争对手"的项目里，大约只有15％的老顾客是由于"其他公司有更好的商品"，另有大约15％的老顾客是由于发现"还有其他比较便宜的商品"，但是，70％的老顾客并不是因为产品因素而是因为其他原因转向竞争对手。其中，自己不被公司重视占 20％，服务质量差占 45％。可见，导致顾客流失的罪魁祸首是企业的服务。

一般而言，企业留住老顾客的首要条件是不断地向他们提供优质产品。但除此之外，现在的顾客，更看重的是企业是否能提供优质服务和满足他们的特殊要求，如一系列的售后服务贷款支付方式及交货时间等。假如现有顾客所期望的各种服务在某种程度上得到了满足，那么可以预期他们会继续购买企业的产品，成为企业的顾客。但是，现在有的企业，尤其是那些供不应求、产销形势乐观的企业，把这些服务看作是额外的不合理的要求予以拒绝。但是他们想错了，即使是你的产品在市场中存在某些优势或已经形成卖方市场，但这也是暂时的，因为一旦产品有利可图，竞争者就会蜂拥而来，与你争夺顾客。你满足不了顾客的需求自然有人能满足，或者是顾客仅仅由于对你的反感也会转向其他新企业，这样你的顾客就会在不知不觉中流失。

现实中，顾客对企业的服务抱怨是难免的，因为即使是再好的企业也不可能做到十全十美，问题在于怎样对待这些抱怨。事实上，"顾客抱怨就是商机"，只要抓住机会，赢得顾客的满意和忠诚，才能留住更多的老顾客。

科特勒指出，顾客的抱怨，尤其是老顾客的抱怨，说明他心中比较看重他所得到的服务，企业就应把握机会，请顾客特别是老顾客说明如何做才能让其满意，才能弥补现在的不足。只要顾客感到自己被重视，他们就会诚恳地告诉企业一些改进之道。这比请任何管理顾问都有效，因为顾客是直接使用者、直接受益人或直接受害者，一般的顾问只是旁观而已，他们缺乏亲身的体验。

其实，请顾客特别是老顾客帮助改善，不仅可以提高服务质量，还可以为企业节约管理成本，提高顾客的信心，增进顾客对企业产品和服务的认同。这样，顾客的满意度、忠诚度将随之提高，企业也会在留住老顾客的同时，迎来更多的新顾客。

2. 设定老顾客的期望值

科特勒认为，企业在拟订服务策略时，一个非常重要的步骤是设法影响老顾客的期望，使老顾客所期望的服务水准稍低于企业所能提供的水准。如果老顾客的期望超过企业提供的服务标准，他们就感到不满；当服务标准超出老顾客的期望时，他们必然喜出望外，深感满意。假如企业可以在接到通知之后18 小时内提供服务，就不用承诺保证 18 小时内提供服务，而保证 24 小时之内提供服务即可；如果维修人员接到电话后 2 小时内赶到，那么就承诺 3 个小时之内赶到。

芝加哥大学的一位行销专家曾研究过 15 家使老顾客感到满意的企业，发现这些企业都严格控制广告和行销对老顾客的承诺，不使老顾客产生过高的期望。然而，这些服务领先的企业所提供的服务却超过了老顾客的期望。对此，老顾客当然会成为企业的忠诚顾客了。

由此可知，设定并控制老顾客的期望值是企业应当好好研究的大学问。

3. 超越老顾客的期望值

科特勒发现，许多优秀企业的实践证明，成功的服务都符合两项标准：一是要使企业有别于竞争者，而且是以独特的方式；二是要引导顾客特别是老顾客对服务的期望，使其"稍低于"企业所能提供的服务水准。例如，数年之前，艾维斯租车公司把自己定位为租车市场的第二名，并强调自己会努力做得更好。到了今天，它仍采用同一策略，把自己描绘成一家勤奋不懈的租车公司，原因是这家公司是员工自己的。又如，梅泰公司把所生产的洗衣机定位为十分可靠的产品，以致维修人员闲着没事，打起瞌睡；苹果公司则强调它的"麦金塔"电话远比 IBM 个人电脑容易使用。这些企业实际提供的产品质量或服务都超过了老顾客的期望值，当然也就深受他们的欢迎。

服务定位的关键之处在于，不要把老顾客对服务的期望值升高到超过企业所能提供的水准。当老顾客逐渐有了经验，竞争也日趋激烈时，顾客的期望必然会逐渐升高。例如在电脑业，售后服务在近几年有很大的改进，但由于顾客期望值日益提升，心中的不满也随之提高。

三、让渡顾客价值，让顾客满意

社会的不断发展，商品生产能力极大提高，如今的消费者面临着纷繁复杂的商品和品牌选择，这就使企业必须关注顾客是如何做出选择的。显然，从经济学的观点看，消费者既然是社会经济的参与者和商品价值的实现者，他必然按"有限理性者"行事，亦即顾客是按所提供的最大价值进行估价的，因而，现代营销理论的前提是买方将从企业购买他们认为能提供最高顾客让渡价值的商品或服务。而所谓顾客让渡价值是指整体顾客价值与整体顾客成本之间的差额部分。

科特勒指出：顾客让渡价值就是顾客拥有和使用某种产品所获得的利益与为此所需成本之间的差额。如联邦快递的顾客获得的利益是快速而且可靠的递送服务。同时科特勒也指出，顾客常常是根据他们的感知价值来衡量自己获得的价值，因为顾客并不能很精确地分析某种产品的价值和成本。还拿联邦快递举例，很少有顾客能回答这样的问题："联邦快递的服务真的是快速而且准确吗？即便如此，他们的服务值得我们花费这么多的代价吗？"所以顾客让渡价值挑战的就是要改变顾客的感知价值。

1. 顾客让渡价值内涵

科特勒将整体顾客价值分解为产品价值、服务价值、人员价值和形象价值。同时，整体顾客成本优势由货币成本、时间成本、体力成本和精神成本四部分组成。

整体顾客价值是指顾客从给定产品和期望得到的全部利益，是基于感知利得与感知利失的权衡或对产品效用的综合评价之上的。从顾客价值的概念中，我们不难总结出顾客价值的几个基本特征：

（1）顾客价值是顾客对产品或服务的一种感知，是与产品和服务相挂钩的，它基于顾客的个人主观判断。

（2）顾客感知价值的核心是顾客所获得的感知利益与因获得和享用该产品或服务而付出的感知代价之间的权衡，即利得与利失之间的权衡。

（3）顾客价值是从产品属性、属性效用到期望的结果，再到客户所期望的目标，具有层次性。

整体顾客成本是指顾客为了购买产品或服务而付出的一系列成本，包括货币成本、时间成本、精神成本和体力成本。顾客是价值最大化的追求者，在购买产品时，总希望用最低的成本获得最大的收益，以使自己的需要得到最大限度的满足。

我们可以用一个例子来解释顾客让渡价值。

某顾客欲购买一台 200 升左右的冰箱，现该顾客在 A 品牌和 B 品牌之间作选择。假设他比较了这两种冰箱，并根据款式、工艺及主要性能（节能、保鲜等），以及压缩机的 COP（制冷系统性能系数）、噪声等指标做出判断——B 品牌具有较高的产品价值。他也发觉在与 B 品牌人员沟通时，促销导购介绍产品耐心，知识丰富，并有较强的责任心及敬业精神，结论是，在人员价值方面，B 品牌较好。但在顾客的印象中，A 品牌的价值及知名度、整体形象等方面优于 B 品牌，同时 A 品牌售后服务，承诺等服务价值也高于 B 品牌。最后他权衡了产品、服务、人员、形象等 4 个方面，得出了 A 品牌的总顾客价值高于 B 品牌（假设该顾客偏重于品牌及服务）的。

那么，他就一定会购买 A 品牌吗？不一定，他还要将两个品牌交易时产生的总顾客成本相比较。总顾客成本不仅指货币成本（产品价格）。正如亚当·斯密曾说过的："任何东西的真实价格就是获得它的辛劳和麻烦"，它包括购者预期的时间、体力和精神费用。购者将这些费用与货币价格加在一起，就构成了总顾客成本。

这位顾客要考虑的是，相对于 A 品牌的总顾客价值，其总顾客成本是否太高；如果太高，他就不会购买 A 品牌产品，我们就认为其让渡价值小。反之，相对于 B 品牌的总顾客价值，若其总顾客成本较小，则这位顾客就可能会购买 B 品牌产品，我们就说其让渡价值大。通常情况下，理性的顾客总会购买让渡价值大的产品，这就是顾客让渡价值理论的意义。

假设该顾客对 B 品牌冰箱进行了分析，认为 B 品牌冰箱总顾客价值为 2150 元（顾客认为此冰箱至少能值这个价），再进一步假设其净厂供价为 1850 元，除商场合理利润 100 元外，若零售标价为 1950 元，则顾客购买这台冰箱获得了 200 元的附加值（让渡价值）。

同样对 A 品牌冰箱分析认为，该冰箱的总顾客价值为 2300 元，净厂供价为 2200 元，除商场合理利润 100 元外，若零售标价为 2300 元，则顾客购买此冰箱将无任何附加值（即让渡价值为 0 元）。

若顾客是理智的，则不难在 A 品牌与 B 品牌之间做出选择。

正常情况下，顾客都是成熟的、理性的，若某种产品的让渡价值大，则该产品对顾客的吸引力就大，购买该产品的可能性就越大。当然，让渡价值越大，顾客得到的实惠就越多，但提供产品的公司利润就会减少，故根据市场及竞争产品情况，合理定出供价至关重要。遵循的前提就是，既要保证有吸引顾客的让渡价值，又要兼顾公司的利润。

顾客价值与顾客成本共同决定了交换能否进行。当顾客价值大于顾客成本时，顾客才愿意进行交换。否则，交换不可能进行。

顾客让渡价值概念的提出为企业决定经营的方向提供了一种全面的分析思路。

首先，企业要让自己的商品能为顾客接受，必须全方位、全过程、纵深地改善生产管理和经营。企业经营绩效的提高不是一种行为的结果，而是多种行为的函数，以往我们强调营销只是侧重于产品、价格、分销、促销等一些具体的经营性的要素，而让渡价值却认为顾客价值的实现不仅包含了物质的因素；还包含了非物质的因素；不仅需要有经营的改善，而且还必须在管理上适应市场的变化。

其次，企业在生产经营中创造良好的整体顾客价值只是企业取得竞争优势、成功经营的前提，一个企业不仅要着力创造价值，还必须关注消费者在购买商品和服务中所倾注的全部成本。由于顾客在购买商品和服务时，总希望把有关成本，包括货币、时间、体力和精神降到最低限度，而同时又希望从中获得更多实际利益。

因此，企业还必须通过降低生产与销售成本，减少顾客购买商品的时间、体力与精神耗费，从而降低货币非货币成本。显然，充分认识顾客让渡价值的含义，对于指导工商企业如何在市场经营中全面设计与评价自己产品的价值，使顾客获得最大限度的满意，进而提高企业竞争力具有重要意义。

2. 顾客满意

有一种感知效果与顾客的期望密切相关，科特勒称这种感知效果为顾客满意，它主要取决于产品的感知使用效果。一般而言，顾客满意是顾客对企业和员工提供的产品和服务的直接性综合评价，是顾客对企业、产品、服务和员工的认可。顾客根据他们的价值判断来评价产品和服务，因此，科特勒认为，"满意是一种人的感觉状态的水平，它来源于对一件产品所设想的绩效或产出与人们的期望所进行的比较"。从企业的角度来说，顾客服务的目标并不仅仅止于使顾客满意，使顾客感到满意只是营销管理的第一步。美国维特化学品公司总裁威廉姆·泰勒认为："我们的兴趣不仅仅在于让顾客获得满意感，我们要挖掘那些被顾客认为能增进我们之间关系的有价值的东西。"在企业与顾客建立长期的伙伴关系的过程中，企业向顾客提供超过其期望的"顾客价值"，使顾客在每一次的购买过程和购后体验中都能获得满意。每一次的满意都会增强顾客对企业的信任，

从而使企业能够获得长期的赢利与发展。对于企业来说，如果
对企业的产品和服务感到满意，顾客也会将他们的消费感受通
过口碑传播给其他顾客，扩大产品的知名度，提高企业的形象，
为企业的长远发展不断地注入新的动力。

　　顾客满意程度与产品和服务的质量密切相关。科特勒举了
摩托罗某位副总经理的话来说明什么样的质量可以达到顾客
满意，"我们对缺陷的定义就是顾客如果不喜欢产品的某一点，
那么这点就是缺陷"。因此，科特勒认为当代全面质量管理的基
本目标已经变成实现顾客的全面满意。他说："除了满足顾客以
外，企业还要取悦他们。"我国著名家电巨头海尔认为，决定市
场竞争胜负的关键在于顾客满意度，只有不断提高顾客的满意
度，才能建立起消费者对海尔品牌的忠诚度，海尔也才能具有
长久的竞争力。而在产品同质化的今天，提高顾客满意度的主
要方法就是努力提高服务质量。在这种战略思想的指导下，海
尔在顾客服务方面实行了一系列创造性的做法，达到了中国家
电业的一个高峰，在消费者中间建立起了"海尔服务"的良好
口碑。海尔星级服务的宗旨是：用户永远是对的。海尔的服务
承诺是：服务热线，在您身边，只要您拨打一个电话，剩下的
事由海尔做。

四、并不是所有的顾客都值得保留

　　"所有的顾客都值得保留吗？答案是：否！"这是科特勒给
出的理论。

　　尽管维系顾客的意义如此重要，但科特勒仍然提醒企业，
并不是所有的顾客都值得保留。企业必须分析"顾客获致成本"
与是否能被"顾客终身受益"所抵消。科特勒认为企业可以通
过以下 4 个步骤来测定维系老顾客的成本：

　　1. 测定老顾客的维系率

　　企业应测定老顾客的维系率。对于一本杂志而言，维系率

就是再订阅率；对于一所大学而言，维系率维系率就是班级的升级率或毕业率；对于一个企业而言，维系率则是发生重复购买的顾客比率。

2. 找出老顾客流失的原因

企业必须找出造成老顾客流失的各种原因，并且计算流失的老顾客的比率，如可以指定一种频率分布统计表以反映由各种原因造成老顾客流失的百分比，其中不包括那些离开了所在区域或脱离了所经营业务范围的顾客。但是对于那些对产品、价格、服务等方面意见很大的老顾客，企业应明确今后工作中应加以改进的措施，尽力让他们感到满意。

3. 计算老顾客流失的损失

企业应当计算出由于老顾客的流失，企业的利润将损失多少。这一利润其实就是老顾客生命周期价值的总和。例如，针对流失的老顾客群，一家大型的交通企业对企业失去老顾客的损失进行如下估算：企业拥有 64 000 个老顾客，由于劣质服务等原因，企业将损失 5％的老顾客，即 3200（0.05×64 000）个老顾客。平均每个老顾客流失给企业收入造成的损失达 4000 元，因此企业老顾客的流失损失了 1280 万元的收益。企业的平均边际利润是 10％，因此企业将损失 128 万元的利润，而这都是由于企业自身的原因造成的不必要损失。

4. 支付维系老顾客的费用

企业维系老顾客的成本只要小于损失的利润，企业就应当支付降低老顾客损失率的费用。亦即，如果这家交通运输企业能以小于损失 128 万元的费用保留住所有的老顾客，这些老顾客就值得维系。

企业应仔细计算个别用户为企业提供的利润贡献来决定顾客是否值得保留。依据 20/80/30 法则，20％的顾客贡献企业80％的利润，最差的 30％的顾客使企业的利润减半，因此只有能为公司带来利润的顾客才值得保留。

业务拓展

一、为什么现在拓展新业务比过去更加重要

在一个组织中，没有谁比那些能够成功找到客户、赢得客户并且能够很好维护客户的人更重要。没有人比他们更重要！如今这一点比以往任何时候都更重要。拓展新业务是任何人或公司都在探求的要求最高、最有价值、最受欢迎的技能。

为什么呢？下面让我们分析一下其中的原因。

客户忠诚度的下降

在过去，客户更看重对供应商的忠诚。长期的关系是一种准则，获取信息也不像今天这么容易，技术的影响范围也不及今天宽广。许多客户曾经说，长期的业务关系由于种种因素而消失得无影无踪了——因特网的使用，新买主为建立业务关系而付出的持续的努力，市场全球化，生产商调拨人员到自己的销售网络中将货物直接出售给最终用户，卖主维持哪怕是非常小的价格优势的趋势——原因列起来几乎是无穷尽的。我们生活在一个节奏很快却又遍地是黄金的时代，人们经常四处走动，流动性很强。公司可以随意扩大或缩小规模，以及重新组合职员和他们的工作职责。一切都加快了，计算机更快了，运动员更快了，电子游戏更快了。我们喜欢快速的电子游戏、快速的计算机，以及快速地解决问题。过去的慢节奏已经一去不复返了。

过度竞争

今天，大家都在激烈竞争，依靠固定业务渠道经销产品或服务的时代已经一去不复返了。金融机构收购会计公司；持有巨大购买优势的大零销商试图取代主流产业；公司试图涉足竞争对手的领域，利用生产线和客户群来提高市场占有率。由于

互联网、国内外电话销售、直接邮寄、全球竞争、大公司和小个体并存，竞争将变得空前激烈。

暂时的竞争优势法则

在过去，一个竞争优势能够维持和发展数年。而如今，如果某项产品或服务在市场中展现出了竞争优势，那么竞争对手就会立即或在几天内进入那个市场。因此要使我们在产业中永远处于一流地位的竞争优势是很困难的。

最近有一个流行的电视广告，在广告中，时装设计师在巴黎的飞机跑道上展示她的新款女装系列。在炫目的灯光中，其中一个摄影师独自从多角度抢拍了最流行的服装，几分钟后，画面切换成了那个摄影师正把拍摄的图像上传到手提电脑上，并通过互联网发送到千里之外的一家工厂。片刻工夫，这些图像在厂方的电脑屏幕上被巧妙处理的时候，厂方也制定出了服装的规格。随着广告的结束，一辆卡车便开向廉价商场，数百万件同一款式的服装被卸下来准备向大众市场销售，难以置信吧？

产品和服务生命周期的缩短

产品和服务的生命周期比以往大大缩短了。在过去，较长的产品周期为现有供货商提供了超越竞争对手的优势，因为在通常情况下把钱花在评估新卖主的长期运营上不符合客户的利益。现有供货商拥有一个优势——规模经济使得他们的花费更具实效性。

就在生产占主导的今天，毫无例外，规格的变化给新的竞争者提供了一个在新的机遇中与客户重新建立关系的机会。了解客户需求，拥有生产、销售、原料以及信息系统正常运作的优势消失了。每个潜在的供货商大多从白手起家，正如我们买的多数产品，一打开盒子就成旧的一样，客户的喜好就像天气一样易变。短的产品生命周期成了准则，长期运作产品生命周期的时代已经结束。

目标客户缩小和市场分化

我们生活在一个专门化的时代。丹·阿克罗伊开了一家商店专门经营透明胶带。当客户接二连三地进入这家商店询问有没有自动胶带器、遮蔽胶带等一切不同于透明胶带的物品时，他的回答都是相同的：没有自动胶带器，没有遮蔽胶带，没有胶水，我们卖的是带自动分割器的 3/4×650 英尺的透明胶带卷，别的什么也没有。人们笑着离开了他的商店，都说他真是个怪人。

现在它不再那么可笑了，许多商店专卖电池，许多商店专卖辣番茄酱，或只卖布绒的动物熊和磁铁，也有公司只经营一个特别型号的轴承或某些电子产品。

互联网

总而言之，互联网改变了一切。与以前专业销售中所见到的一些现象相比，互联网和万维网给我们的商业活动带来了更大的变化。很显然，在商业活动中，互联网及其所带来的一切都具有强大的影响力。发订单、跟单、查看说明、答疑、检查交付情况以及议价等，客户都可通过点击鼠标来完成。现在信息共享实际上就是瞬间的事。

市场准入壁垒的降低

所有或者说大多数资本密集型企业，进入大多数市场的壁垒都大大降低了。小企业主可以和大企业集团竞争，但是大企业集团可以迅速运营业务，而且通常资本雄厚，贷方也愿意冒更大的风险，因此成为一个竞争者比以往任何时候变得更简单了。

由于对所有的公司而言，任何领域都充满着竞争，所以越来越多的经营良好而传统上与参与我们行业的公司正意识到他们必须进入新市场以求得发展。地域保护的时代已经过去，生产商可以毫无负罪感地在市场空隙中建立额外的销售渠道。有足够业务量进行平均分配的时代过去了，这给许多不同的公司提供了涉入我们行业的机会，再加上公众市场愿意将更多的资金投资给膨胀中的公开招股公司这一事实，不同的竞争者将从你最好的客户入手，给你一个釜底抽薪，而你就会很快陷入进退维谷的危险之中。

例如，有一个公司从事大型建筑设备租赁业务，为了发展，这个公司决定向新领域扩展，该领域涉及到小型工具和消费品的销售和服务。无论如何，许多从事小型工具领域的公司感受到了这家有公款支持的国字号公司的威胁。这家公司从原来所从事的业务突然转向涉足小型工具和销售品的销售和服务领域，这无异于在某种程度上威胁到了许许多多从事小型工具领域公司的生计。这是一个很能说明你所保护的市场并不像你想象的那样能够得到很好保护的例子，其他许许多多资本雄厚、有实力的公司会伺机以牺牲你的利益来拓展他们的业务。

竞争对手的并购

有时我们失去业务完全不是我们的错误。在那种情况下，失去客户仅仅是购得者决定提供什么样的服务及你与被购得者之间合作的问题。有好多次并购热潮主导了我们的经济。我们公司的业务看似有所增长，使公开投资方相信他们的生意处于积极上升的势头，而在那时，兼并和收购就盛行起来。

发生并购现象的另一个原因是两个相似的公司合并可以节约经营开支。因此把我们努力的重心放在引进新业务上通常是一个好方法。你永远不会知道当你最好的客户被别人争取过去时，你的客户已经不再需要你。

企业倒闭和搬迁（重新布置）

如今公司宣布破产比以往更容易了。在快速运转的经济部门，承认曾经破产过一两次几乎成了有勇气的标志。

这可能是双重的严重打击，因为不仅那些宣布破产的公司不再有购买我们产品的能力，而且我们有时会发现我们为收不回钱承担了全部责任，因为通常我们是无担保债权人（随便提

一下，谨防你的新客户，打电话给你什么也不问，就迫不及待
地要买货，没有提出什么异议，对你的定价也不感兴趣，这种
情况下，一般建议你跑得越快越好，你很可能重蹈你竞争对手
的信用问题的覆辙）。

公司的破产，有时是因为非竞争性导致的，有时则是由于
管理不善，或者仅仅是运气不好而出现在错误的时间和错误的
地点所致。那样的公司非常值得同情，但卖给他们产品和服务
的公司和销售人员更值得同情，因为他们不仅失去了业务，而
且通常还要承担损失应收账款的责任。

获得业务和经营业务都是非常简单的，这使得业务至上的
销售人员能够维持成功，但赢利的业务变得日益困难。地方之
间正在为境内的企业重新布置而激烈地竞争着，如税收鼓励基
金区、自由保税区、规划好的城市经济技术开发区等。市政府、
城市、州都会引诱企业从一个地方搬迁到另一个地方，其手段
是如此之多。我们可能什么也没有做错就失去大量业务，如果
我们的客户决定在我们的交易区外重新安置的话，即使他们仍
然和我们公司保持联系，我们也会意识到我们必须发展新的业
务，因为受地理因素的限制，我们很难和公司所在地区之外的
公司签订合约。

二、注意环境因素

有时由于宏观经济因素的影响，我们的业务受到威胁或者
减少，突发的或未知的消费者信心的下降，全国性的灾难，或
者一场自然灾害都能给我们的业务以毁灭性的打击。如果我们
不集中精力开拓新的业务，就很难或不能从环境因素的打击中
恢复过来。

鉴于以上原因，对于企业和销售员来说，掌握引进新业务
的能力是极为重要的。如果我们停止寻找新业务，我们就会破
产。但很多人好像就是不明白这个道理。

三、在危机中拓展业务

许多时候，你要做的事情就是拿起报纸去了解许多企业由于危机而受到的打击。航空公司、宾馆、零售店、股市等，只要是你能够想到的，都陷入了危机。于是乎，当看到所有的坏消息时，人们会说："现在是时候跑向山顶了。"

其实，我们和市场总是反应过度。市场对好消息或坏消息都反应过度；作为人类的我们对上升趋势反应过度——从高兴到极度兴奋，我们也对下降趋势反应过度——从不快乐到极度绝望。

"四不要"和"二要"

2001 年世贸中心和五角大楼的爆炸，以及随之而来的我们随时都会遭到恐怖分子袭击的感觉并非打击商业的唯一危机。谨记，不一定要较大程度的危机才能影响我们的销售，仅是提供不完善的服务就可以使我们失去大量业务。

其他的不幸也会发生，正如前面所提到的那样，客户流失且公司被兼并或破产。不管什么危机，当业务开展缓慢下来的时候，当销售收入下降的时候，当利润流失而开支却仍然存在的时候，你的经营就出现了危机。当危机影响到你的业务时，你要考虑到 4 个"不要"：

◇不要惊慌（保持冷静，关注仍在正常运作的）。

◇不要为改变而改变（大的变化会使你翻船）。

◇不要被孤立或独处（和你头脑冷静的同事谈论你的情况）。

◇不要往复（滚石不生苔）。

危机中积极的一面还是有的。有两件事可以帮你重新回到轨道上来（这就是"二要"）。首先是要积极主动。如果没有人打电话给我们，那是因为他们被吓昏了头，那么我们的工作就是拿起电话主动给他们打电话。把你的客户按收益或忠诚度的高低分成 3 类，排在前面 10％的客户是你的 A 级客户，接下的 20％是你的 B 级客户，再接下来的 70％是你的 C 级客户。你需要把你 70％的时间花在与你的 A 级客户和 B 级客户的业务联系上。

给他们打电话，与他们交谈，询问他们的想法，必须让他们知道你很关心他们的事情。你打电话给他们是为了和他们再接触，你甚至不用谈及业务上的事，只是与你的客户再接触。如果状况良好，话题谈到业务上，尽一切办法，谈论当前及未来的机会，努力寻求别人介绍的业务、附加的业务和新的业务。主导思想和主要理念是：积极主动地打电话。

其次要做的是集中你的竞争优势，弄清楚是什么让你能够有今天。万万不可贸然涉足那些你完全陌生的领域。你是否应该进入一个全新的商业领域或者为客户提供一些新的产品或服务呢？很显然，你应该继续从事现在所拥有的业务。也就是说，与带你来到现在所处地方的马一路前行。

弄清楚"我的强项是什么"，是客户服务？是我跟客户打交道的方式？还是信息或技术？

现在不是在不相关的领域进行多样化投资的时候，而是回到核心竞争力上的时候，你到底擅长什么？那才是你应该做的——专注于你的竞争优势。

因为危机的出现，许多公司和销售人员都认为他们应该袖手旁观。因此越是在这时候，我们的工作就越应该继续下去。我们应该给那些曾经拒绝过我们的客户打电话联系业务，给那些曾经说过以下话语的客户打电话联系业务。

"不，我们真的不需要这种技术。"

"不，我们正打算去度假。"

"不，我们刚度假回来。"

"不，我们现在什么也不需要。"

"不，我们已经和客户安排好了。"

"不，我们对此不感兴趣。"

"不，我们正在开会。"

"不，我们真的很忙。"

现在是跟所有曾经拒绝过你的人联系的时候了，因为你所提供的产品和服务销路很好。

我们所需要攻克的最好的客户就是那些曾经给我们带来很多次不同障碍、耽搁和阻力的客户。现在我们要比竞争对手更加执着、更加果断地给客户打电话，要么给同一个公司打5次电话，要么分别给5个新的公司各打一个电话，坚持不懈地拓展业务，持之以恒与客户加强联系。当我们深陷危机之中的时候，也就是我们最应该加强有望成功的业务联系的时候。

四、引进新业务

众所周知，许多业务主管和销售经理一直都想知道哪里会有新业务。可是，亲爱的读者，您知道吗？其实很少有人是引进新业务的专家。

那些引进新业务的人——人工造雨者，就像是为部落的生存而四处奔波觅食的猎人。他们是销售组织中最有价值的人。当然那些信守诺言、为公司尽力服务的员工也是相当重要的。现在讨论的是另一种标准，即那些敢于面对拒绝的员工，他们才是公司最有价值的员工。

这是为什么呢？拓展新业务是任何一个销售人员都曾被要求去做的最棘手的事。考虑一下，如果你联络你的现有客户，他们会记住你，甚至可能会喜欢你。是的，有问题，你能解决，接着你就能言归正传：今天好吗？你还需要什么？当前的产品性能如何？我有个新的建议给你。通常打这样的电话是很容易的。

棘手的新业务电话应该怎样打呢？我们要省出时间，计算一下我们需要打多少电话，并跟踪进展情况。这听起来很简单，但你有可能不知道有多少人曾经有多少次被那个谚语所欺骗，即"通往地狱的道路是好心铺成的"。"我本打算给那些人打电话的，我也打算今天拿起电话进行业务联系。但……但……但是一个好客户打来电话给我，必须要处理，我得去追加他的订单，所以就不得不取消那些计划，另外我还得上网浏览并查收邮件。"

当一天工作结束时，你会意识到你没有联系到任何新业务，你至少会有一半或80％的时间遭到了拒绝。早上醒来你会这样说吗？"噢，今天我要给我的客户打 4 个小时的电话，可能会有 3 小时 52 分都会被人拒绝。"显然没有人喜欢这样。我们要做的就是安排好时间打客户电话。

一个客户曾说："你看，这其实很简单，你只要在早上 10 点钟之前打 10 个电话，想想看，如果你每个工作日都能在 10 点钟之前打 10 个电话，那么你成功的可能和你的客户群就会以令人惊奇的速度增加了。"

如果你跟踪与客户进行业务联系的进展情况，你发现打了 10 个电话只联系上一个客户，那么你就需要调整你在电话中说话的内容。而你只联系上一个客户的原因，或者是因为你没有联系到决策者，或者是因为你是在一天中并不合适的时间给客户打了电话，或者是因为你与客户打交道的方式不是很有效。这就是给客户打电话进行业务联系和跟踪业务进展为什么如此重要的原因。

五、如何成功建立业务关系人际网

每个人都能够学会成功地建立业务关系人际网的技巧。无论你是想维护现有客户还是寻找新客户，通过引进新业务都是你拓展业务的最佳方法。

轻松建立业务关系人际网的艺术

让我们讨论一下重要细节吧。我们怎样才能成功建立销售业务人际关系网呢？第一要务是"重要的事情先做"。我们必须懂得在得到我们想要的东西之前要帮助别人得到他们想要的东西。当你在建立业务关系时，首先弄清对方的需求并在业务上帮助他们。对其他客户开放你的业务关系人际网并找出你能够为他们提供服务的方法，这样做通常会事半功倍。

具体化

成功建立销售业务关系人际网的关键之一是具体化。许多人尝试建立人际关系网但并不奏效。为什么呢？因为他这样说："你知道谁在寻找一份好的保险吗？""你知道谁想投资这个新建工程吗？"问题在于我们有太多的名字浮现在脑海。据说我们成年以后，我们的记忆中储存了2000多个名字和面孔。如果有人走过来只是简单地问我们知道谁吗？我们的回答通常是："对不起，我想不起任何人。"所以具体化很重要，我们要按行业、区位、公司类型、收入规模、公司名称，甚至具体的人名来询问。

一个接一个

如果我们在大的集团公司工作，我们将能够与许多人建立紧密的人际关系，因为每个人都想与对方建立业务关系。只不过我们必须每次只专注于与其中的一个人建立业务关系。万万不可尝试在你所在的10人工作组中同时挖掘介绍人或者人际关系网（假如该组有10个人）。在几个星期内专注于一个人，看你能否在这几周内成为他业务的支持者。然后换下一个人，接着再换下一个，以此类推。

收集

怎样把所有的都收集起来？答案是：通过计划。我们必须知道我们的业务是什么以及我们最好的销售对象是谁。我们必须明白自己追求的东西是什么，并且能够使我们希望与之建立销售业务关系的人也同样明白。其次，我们必须愿意采取行动。我们很渴望拥有一些业务介绍人。然而要拥有业务介绍人，我们就必须采取行动。这就是为什么"积极主动"的概念如此有力的原因，这也是"去做吧"会在全世界引起共鸣的原因。如果我们要把销售业务关系人际网建立起来，我们就必须拿起电话，打给一个你认识的人并约他出来吃一顿午饭，以此开始建立自己的销售业务关系人际网，并推动它向前发展。

有这样一个会计公司，他们在建立销售业务关系人际网方面的实践非常成功。他们的公司有着大量的客户跟踪记录，以至于他们的许多客户都想挖走他们公司的专业会计师。结果 10 多年后，在美国该公司的上百位专业会计师工作于各个地方。为了公司的信誉，他们十分了解建立销售业务人际关系网这个概念的精髓。

每年他们都邀请所有已经毕业的校友进行为期 3 天的盛大庆祝。他们将就他们所在的工作领域最新或最热门的事项举办各种再教育申请、研讨会以及成立各种工作组等。在早上、午后和晚间，他们还将获取建立业务关系人际网的机会——那些曾在公司工作过的人员可以与现在仍在公司上班的员工进行交流。

你对那些仍在公司工作的人的议程有何看法？很显然，他们是想了解其他公司的内部运作情况。尽管许多公司仍是他们的客户，但他们当中有许多别的客户是这家会计公司所没有的。这种销售业务人际关系网逐渐演变成为这家会计公司拓展业务关系的最有效工具。

如何建立业务关系人际网，怎样与同一房间的其他人员打交道？你肯定认为这很容易。难道不是每一个人都知道怎样去做吗？答案是否定的。

业务关系人际网项目

在"去跟他们打交道吧"模式下，业务关系人际网教育是这样表现的：这个大的房间里面坐满了人。你既知道该说什么，也知道该怎么去接近他们。既然这样，那么采取行动去跟他们打交道吧。

事实上，专业销售人员在一个房间里面跟其他人打交道会用一些专门的技巧。

首先要区分在社交场合和生意场合与周围人打交道的不同。比如说你应邀参加你表兄约伦的婚礼。如果你带着很多名片、雕刻钢笔和笔书本出席，并且在整个婚宴中你都在接待处发放名片，约伦的新娘、父亲、叔叔、表兄或兄弟可能会揪着你的耳朵把你给扔出去。因为这是一个社交场合，你却使用了这种在商业场合中与人打交道的方法。

然而在生意场合，人们希望你去与人建立业务关系人际网，去与同一房间的其他人员搭讪、闲谈等。在这种场合随便你怎么都行。此时与人交换名片是绝对合适的。与此同时，也可以利用这个机会加入正在聊天的人群，特别是如果其中有你一直希望与之进行业务联系的人，那就按照下面给你的步骤去做。

记住，尽管在社交场合和生意场合存在一定的差别，但这并不是说当你在社交场合遇到想要与之进行业务联系的潜在客户时只能按兵不动。关键在于社交场合中要使人际交流有节制，简单轻松，因为人们去那儿是为了放松，而不是为了与你谈生意。

即使在某些生意场合，请求与人做生意也是不合适的。这里给你举个例子。

假如在国际 Rotary 集团中有一个员工是银行家或者会计师，他并不希望以一个 Rotary 成员的身份接近你与你做生意。假如你有一个关于会计方面或者金融方面的问题，可以在一群人中径直走到这位银行家或者会计师面前，询问他是否愿意回答你的问题，或者考虑给你提供相关服务。

还有许多其他组织鼓励人们建立业务关系人际网，相互交易。商会就是一个很好的例子。你应该能够期望那些参加商会的人过来向你解释他们的产品和服务。如果你考虑与他们做生意，他们很可能会询问前去拜访你是否合适。

因此在参加贸易协会或者商会的时候，每个成员之间都在彼此寻找商机。除了有些组织不允许建立业务关系人际网和商业关系外，其他的大部分组织都是允许的。

现在，我们来谈谈当你去了适合建立人际关系的场合时，你该做些什么。首先你要做好准备，带上3样东西——去每个存在商机的会议时的必需品。

第一，确定你带了业务名片。你一定遇到过这种情况：出席一些活动，通过和一些人员交谈，你发现对他们提供的产品或服务很感兴趣，但当你向他们索取名片的时候，他们顿时手忙脚乱，因为他们没带名片。没有名片这个标准的商业工具，将会使人显得非常不专业。

如果别人向你索要名片，你要能够从任何一个口袋里掏出来一张名片。可以把你的名片放在钱包里，放在日志本里，放在公文包里，放在手提箱里。

第二，你需要一支钢笔或者铅笔记下一些东西。在大部分情况下，你需要对你所听的快速谈话作一些笔记。你也可以拿出你的名片，在背面简要地记录一下；或者在与客户交换名片时，你也可以在别人名片上面简单记录一下。当你和一些人见面并有机会交换名片的时候，你可以站到一边，简单记下见面的日期、事件还有跟那个人交谈的一些具体内容等。

第三，你需要带一些纸，如果你觉得需要对谈话做详细的记录，你可把它们记在纸上。

你可带上你的日程计划表或者电子记事簿去一些具有商机的场合。在一些商务场合，当你在交际时可能有机会与一些人预约会面。如果你没带日程计划，你很难知道什么时候你能够预约，你一定不想在已经和别人安排好的时间里去安排别的会面。

如今的电子记事簿都很小，我们中大部分人都可以把它塞进钱包或衬衣口袋里。因此由于没带上日程安排表而错失机会的事，对我们来说很少发生。

所以再提醒一下：带上名片、笔纸和一个电子记事簿。

现在你若出现在这样的场合中，你打算怎么办呢？首先要做的事就是从战略的角度去思考在这次与客户的业务洽谈中将会发生什么。

你可以环顾一下房间。当你知道一些你想加以影响的人会出席某个特别的会议时，你要搜寻这些人所处的位置，这样你就可以有机会去进行你的工作了。那些你想与之交谈的人就是你要搜寻的对象。

如果你是一个集团的新人，集团里的很多人你都不认识，那么你就要利用任何可行的工具手段去帮助你了，诸如胸卡或者出席者名册之类的。你也可以寻找具体的工业团体、董事长和业主，高大肥胖的人或浮夸的年轻企业家，关键是确定谁是会议中最能让你成功的人，然后努力向目标迈进，从而确保你有机会同那些人交谈。

所以建议首先环顾房间，然后从一小群人中走到另一小群人中去与陌生人交谈。

大多数人参加一些活动会寻找他们的"舒适区"。他们出席一个有200个、50个或10个他们不认识的人参加的会议，他们会寻找他们认识的人，因为他们想要待在他们的"舒适区"内。可我们要说的是："走出你的舒适区，去和陌生人交谈。"

你可能说："如果我看到一群人，有三四个左右，他们的胸卡或他们展现自己的方式让我相信他们就是我应该接近的人，我该怎么办？我能做些什么？只是贸然插入他们的谈话中吗？"

答案是否定的。你要做的是加入到那群人里面并找到最适合你的位置站好。

换句话说，他们并不是肩并肩紧靠在一起的，总会有一些缝隙，通常一小群谈话的人是不会对称分布的，你只要走向他们，站在他们旁边，礼貌地微笑就行。

当人们觉得有人站在那里和他们进行眼神交流时，你要对着他们微笑。最终，他们的谈话会结束，并且有人会转过来面向你介绍他们自己，或者在他刚转向你的时候你就可以开始自我介绍了。

是的，这样听起确实有点奇怪甚至有点厚脸皮，但那就是进入一群人当中与完全陌生的人交谈的方法。

现在要是你站在一群人中，你很容易说太多关于自己的话。但在这种特殊的场合，你要把注意力放在其他的人身上。

你可以询问：

"请谈谈您自己吧。"

"请问是什么原因让您今晚到这儿来的呢？"

"请问您是做什么工作的？"

"请问您是在哪里工作啊？"

"请问您在那里做什么？"

"请问你们生产和销售哪些类型的产品和服务？"

"请问你们都有哪些客户呢？"

"请问您业务工作中遇到了哪些问题？"

"您认为刚才那个说话的人怎么样？"

"您认为这里的饭菜如何？"

"您认为今天天气怎样？"

"您认为这些年轻人今年打算做什么呢？"

你基本上会问一些关于他们兴趣爱好的问题。当他们说一些觉得对他们重要的事情以后，你想他们接着会做什么呢？他们会问你是做什么的。

所以现在你就有机会告诉他们你是谁，你是做什么的，你提供哪些服务，你有哪些类型的客户或在市场上你提供哪些价值。不过最好的方法还是有人首先介绍他们的情况。

比方说，你觉得某人对你所做的事情感兴趣，你是否应该放下手上的一切工作，把他拉出来，然后花四五十分钟来和他交谈？答案是否定的。如果你是在一对一的情况下和一个对你内容很感兴趣的人交谈，那么你就可以对他或她说："嘿，这真是太好了。我很高兴我们能有机会在这样的场合中这么快就相识了。我想有机会我会打电话给你的，或许我们可以聚一下，进一步谈一下你们的公司和公司需要，以及我公司的产品或服务对你有什么帮助。我们可以预约一个时间具体谈一下吗？"

他们会说："当然可以。"然后你说："太好了，我们可以交换一下名片吗？这是我的。"你递上你的名片，然后要他们其中一个人的名片。如果别人没有名片时，你可以随便拿一张你自己的名片，翻过来，写下他（她）的信息、姓名、职务、公司名称、地址电话号码、邮箱和网址。

做完这些事以后，你便可以说："嘿，太棒了。很高兴能认识你。我想这儿一定有许多你想谈话的人吧。我就不打扰你了。再次谢谢你。"当他们离开后，你就可以在那房间继续寻找其他的人。这就是我们建立人际关系网应该做的，也是我们在那房间里应该做的事。

我们谈话的关键是：

◇知道生意场合和社交场合之间的区别。

◇随身带上适当的东西。

◇知道如何开启对话。

◇知道应该说什么，而不应该说什么。

◇谨记你的目标：会见一些人并了解他们的兴趣爱好。不要占用他们的时间，不要妨碍他们参加这些商业场合或社交场合的主要目的。

中篇

最有效的营销方法

第一章　营销环境分析

市场机会分析法

市场机会稍纵即逝，掌握正确的市场机会分析方法，有助于企业判断和识别眼前的市场机会，从而及时地采取有效的行动。

市场机会分析常用于新产品上市时，对现有产品也同样适用。

一、机不可失，相机而动

市场机会是关系到企业生死存亡的大事。一方面，没有市场机会，企业想尽一切办法也要创造市场机会，否则只能黯然退市；另一方面，就算存在市场机会，也并不意味着所有企业都能够发现，更不要说把握市场机会、创造利润了。机会总是青睐有准备的人，掌握市场机会分析法，便可以帮助企业判断眼前的机会并及时采取行动。

市场机会分析框架具体如图1-1所示：

市场机会分析大致可分为以下4个步骤：

第一步，宏观环境分析。通过对宏观环境中的政治、经济、文化、技术、社会等几大要素的详细分析，以期发现新的市场机会。比如，政府西部大开发战略设想的提出，是否能够带来新的市场机会呢？

第二步，最终消费者市场定位。这样做的目的是帮助企业

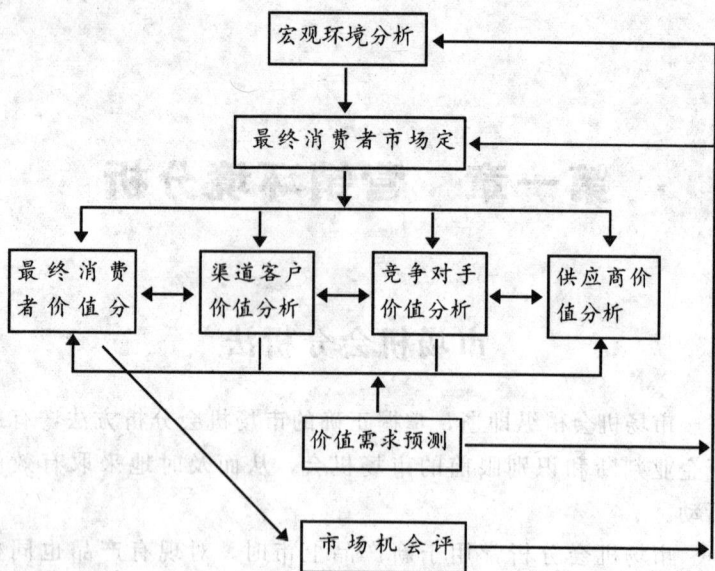

图 1-1　市场机会分析框架

判断和识别出具有一定机会的市场和顾客。这一步非常重要，通常会对企业在目标市场上的战略决策起到非常重要的影响。

　　第三步，价值分析。进行价值分析，可以帮助企业了解各主要市场参与者之间交互作用的特点和发展趋势，重点应放在了解最终消费者、供应商、渠道客户和竞争对手之间的价值交换过程。

　　第四步，市场机会评估。发现市场机会以后，要对市场机会的大小和优劣进行评估。总地来说，市场机会评估的标准主要有以下几点：持久竞争优势标准，包括市场占有率、市场进入门槛等指标；财务标准，包括投资回报率、现金流、销售额增长率等指标；企业和品牌形象标准，包括企业形象的一致性等指导；协同性标准，如增加生产其他产品的机会等。

二、奥纳西斯、肯德基抓住市场机会

　　第二次世界大战以前，人们普遍存在悲观的情绪，似乎世界末日就在不远处。然而，希腊人奥纳西斯没有在悲观中沉沦。通过认真地思索，他认为生产过剩、物价暴跌只是暂时的现象，世界经济终究会再次繁荣，到时候价格自然会回升，说不定还会暴涨。所以谁能够在今天买到便宜货，必将在明天卖出好价钱。现在看来，奥纳西斯的判断是非常准确的。然而，令人意想不到的是，奥纳西斯并没有选择购买被普遍看好的黄金、不动产或者公司的股票，而是瞄准了似乎注定要遭难的海上运输工具——轮船。他认为一旦世界经济复苏，运输就会显得尤为重要。拥有了轮船，到时候投入的金钱就会像热带植物一样疯长，利润自然滚滚而来。

　　一天，奥纳西斯得到了一条他最希望看到的消息：由于经济萧条，加拿大国营运输公司无力维持经营，决定出卖 6 艘货轮。这 6 艘货轮 10 年前价值 200 万美元，如今仅以 25 万美元出售。看到这个消息，奥纳西斯几乎兴奋得跳了起来。他立即乘机赶到加拿大，把那 6 艘被遗弃在"墓地"的轮船如数买下。当时，很多人认为奥纳西斯疯了，认为过不了多久，这些船就会变得一钱不值。形势像大多数人所想象的那样发展，经济一天坏似一天，整个资本主义世界都深陷在泥潭中，光明的未来似乎只是一个美丽的谎话。但奥纳西斯从没动摇自己的信心，他坚信好日子一定会来临。

　　第二次世界大战爆发了，对于大多数人来说，这是噩梦的开始。然而对于奥纳西斯来说却有着不同的意义。战争给那些拥有水上运输工具的人带来了神奇的机会，奥纳西斯的 6 艘大船瞬间变成了 6 座浮动的金矿，每挪动一步都会带来可观的利润。在战争结束以后，身价倍增的奥纳西斯已然成为了希腊船王。

　　20 世纪 80 年代中期，美国肯德基炸鸡店对庞大的中国市场产生了兴趣，有意在中国发展加盟店。为此，他们先行派遣了一位执行董事到北京考察市场。

这位执行董事下了飞机以后，来到北京的街头，在不同的路口用秒表测量出行人的流量，然后又向 500 名不同年龄、不同职业、不同收入水平的人征求他们对炸鸡的价格、口味等要素的看法以及他们对快餐的态度。最后，这位执行董事又详细考察了北京的鸡源、油、面、盐、菜以及鸡饲料等，并将数据带回了美国进行详细的分析，最后得出了中国市场具有巨大潜力的结论。

果然，1987 年 11 月肯德基在北京开业以后，在不到 300 天的时间内，便实现了 250 万元的销售收入。原计划在 5 年内收回的投资，不到 2 年就收回了。

方法实施要点

市场机会分析的应用范围有：

（1）比较广泛地应用于新产品上市时。它可以帮助企业进行市场的定位，并为企业营销计划的制订提供依据。

（2）市场机会分析也可以应用于现有产品。

（3）在具有明确发展目标的产品的营销计划的制订上也能起到作用。它可以帮助企业确认各种机会与问题的所在。

环境威胁机会矩阵

环境威胁机会矩阵是一种常用的营销战略分析方法，它可以帮助企业分析营销环境，以发现机会和规避风险。

在环境威胁机会矩阵的帮助下，企业不会坐等环境发生剧烈的变化，而是提前做好准备，去抓住机会或者迎接挑战。

一、发现机会，规避风险

如今，环境扫描日益成为一家成熟公司的重要职能，公司必须识别出环境中哪些因素有可能造成重大的威胁或者带来重大的机会。为此，许多公司纷纷建立起问题管理程序，以了解和掌握那些可能影响企业未来的问题。环境威胁机会矩阵便是一种常用的营销战略分析方法，可以帮助企业分析营销环境，以发现机会和规避风险。

环境威胁

环境威胁是指环境中一些不利于企业生存和发展的因素，这些因素使得企业面临严峻的挑战。为此，企业必须果断地采取有效的营销行动，否则企业的市场地位就会逐渐被侵蚀掉。

企业应在其营销计划中把这些威胁体现出来，并按严重程度和出现的可能性进行分类。如图1-2所示：

		出现概率	
		高	低
严重程度	大	1	2
	小	3	4

图1-2　市场机会分析框架

其中，区域1中的威胁是关键性的。它对公司的危害最大，而且出现的概率也最高。因此，企业有必要对其制订一个专门的应变计划，计划中至少应阐明：在威胁出现之前，或者在威胁出现时，企业应做哪些工作，如何使危害程度降到最低。区域4中的威胁，因为其对公司的危害程度和出现的概率均最小，公司可以置之不理。对于处于区域2和3中的威胁，公司不必对其制订一个专门的计划，但应密切关注它们，因为这些威胁有可能发展成为重大威胁。

环境机会

公司所面对的环境总是机会与威胁并存。要想使公司健康、稳定地发展，除了要规避或减轻威胁，更要牢牢抓住环境机会。所谓的环境机会就是指对公司的营销行为富有吸引力的领域。在这些领域中，公司将获得竞争优势。这些机会可以按其吸引力的大小和出现概率的高低来进行分类（如图1-3所示）。一般来说，公司在某一特定机会上取得成功的概率高低取决于它的业务实力是否与在该行业获得成功所需要的条件相符合。一家经营最佳的公司必定是在满足行业成功条件中最具竞争优势的公司，这些优势会形成公司为顾客创造价值的能力。

		成功概率	
		高	低
吸引力	大	1	2
	小	3	4

环境机会矩阵

图 1-3　环境威胁矩阵

处于区域 1 中的那些机会，因为其出现的概率和对公司营销行为的吸引力都是最大的，所以是公司所面临的最佳机会，公司的决策者们应制订若干计划以寻求一个或者几个这样的机会；而对于区域 4 中的机会，因为其出现的概率和对公司营销行为的吸引力都较小，公司可以不予考虑；对于区域 2 和 3 中的机会，公司应予以充分的关注，因为其中任何一个机会的吸引力或者成功概率都有可能出现变化。

二、某汽车生产企业所作的环境威胁机会分析

某汽车生产企业在激烈的市场竞争中感到茫然无措，不知如何应对来自各方面的压力。决策者们深知长此以往企业必然会走向败落。为避免这种情况成为现实，他们决定立即进行环境威胁机会分析，期望从这一分析中找到前进的方向。

环境威胁分析

作为汽车生产企业，它所面临的环境威胁无外乎这样 4 种：其一，竞争对手发明一种高效的电动小汽车；其二，出现严重而漫长的经济萧条；其三，汽油的价格上升；其四，政府颁布更为严格的汽车污染控制法令。

在这 4 种环境威胁中，尤以第一种威胁最应引起重视。这是因为，在环保意识日益深入人心的今天，高效的电动小汽车毫无疑问会被消费者所热烈追捧。而且，各大汽车生产企业加紧研究高效电动小汽车也早已不是什么秘密了。这就意味着竞争对手发明高效电动小汽车并非不可能，应该说概率还是相当高的。

至于第二种威胁，诚然，这会给企业带来严重的影响，毕竟拮据的消费者绝不会把钱用于购买并非必不可少的汽车。可以想象，在那样的困难情况下，消费者手中的钱更多地会用于购买食物、衣物。但是值得庆幸的是，如今全球经济发展势头良好，中国经济更是保持着一贯的稳步上升。在可预见的将来，漫长而严重的经济危机几乎不可能发生，所以，对于第二种威胁，企业不可不防，但也无需过于重视。

汽油价格的上升也会对汽车的销售起到一定的负面影响，而且这种情况经常出现。但是企业对此也不必忧心忡忡。汽油的价格不会高到消费者难以承受的程度，毕竟汽油生产商也要考虑自己的经济效益。

对于第四种环境威胁，企业更不必为之担忧了。因为政府不太可能做出这样的决定，而且就算颁布了更为严格的汽车污染控制法令，对汽车企业来说也并非不可逾越的障碍。因此，对于这一环境威胁，企业完全可以不予理会。

环境机会分析

汽车生产企业所面临的外部环境也绝非乌云密布、不见一丝光亮，实际上企业还是有许多机会可以把握的。比如，企业可以发明一种高效电动小汽车；发明一种节油汽车，每加仑油可以行驶 96.56 千米；发明一种减震汽车；发明一种更为高效的汽车污染控制系统等。

当然，这些机会也有优劣之分，其中发明高效电动小汽车是最应引起重视的。原因上文已经提到，高效电动小汽车不仅会深受消费者的欢迎，而且其开发的难度也不是十分高。发明一种节油汽车，这个想法非常具有吸引力，也可以料想这样的汽车必然会备受市场青睐。但是遗憾的是，在现有的技术水平下，还难以设计出价位合适的节油汽车。发明一种减震汽车，这并不难以做到，但是消费者却对此兴趣不大，所以这也不是一个好机会。发明一种高效的汽车污染控制系统，这个想法稍微有些超前。从现在来看，这样的汽车还难以设计出，而且消费者也不一定会买账。

方法实施要点

把环境威胁矩阵和环境机会矩阵结合起来，我们就可以把某个特定公司所面临的威胁和机会图解出来，并识别出该公司所拥有的业务属于下列4种业务中的哪一种：

第一种是理想的业务，即拥有大量的良好机会，同时威胁很少甚至是没有。这是所有公司都渴望的业务，其未来的发展前景非常令人向往。

第二种是投机型业务，即所面临的大好机会和重大威胁出现的概率同样很高。拥有这种业务的公司务必要小心谨慎，多做计划，以抓住机会和规避风险。

第三种是成熟的业务。这种业务已迈入成熟期，大好的机会和重大的威胁出现的概率都很低。

第四种属于麻烦型业务，机会很少，但威胁却很大。公司应尽快摆脱这种业务。

总地来说，一家优秀的公司绝不会坐等环境发生剧烈变化后再手足无措地收拾残局，而是通过各种方法和途径预测大好机会和重大威胁的到来，并准备好各种计划以迎接挑战，只有这样才能使企业稳步发展。

市场潜力分析

市场潜力是决定企业进入或者退出市场的关键指标。市场潜力可作为销售预测的重要依据。

一、为营销寻找宽广的舞台

在决定进入一个市场之前，首先要考虑这个市场的舞台有多宽，企业在这个市场内是否能大展拳脚，即该行业的市场潜力有多大。要知道，在一个潜力不足的市场内，企业是不能得到用武之地的。因此，这就需要企业在进入某一市场之前，认真地进行市场潜力分析。

市场潜力的概念和特点

市场潜力是指企业在某个时间段内和既定的条件下有可能实现的最大销售额，即企业在该市场最多能够取得什么样的销售业绩。换句话说，也就是指在市场上的参与者都能够全面开展营销活动，并能够吸引所有潜在顾客的情况下，整个行业最终实现的销售。

市场潜力具有很强的时间性，在不同的时间段内会表现出非常大的不同。这一特性使得市场潜力很难被企业所掌握，尤其在预测销售的上限和最大销售量时更是如此。有些企业总是试图把市场潜力用一个固定的数字表示出来，这显然是难以做到的。当然，市场潜力的变化也绝非没有规律可循。一般来说，市场潜力的变化取决于行业平均价格或总体经济水平等要素的变化。

市场潜力分析的作用

市场潜力分析的作用主要有以下几个方面：

（1）为进入或者退出市场提供决策依据。某一行业的市场潜力，往往是企业决定进入或者退出市场的关键指标。一般来说，行业的市场潜力越大，对企业的吸引力也就越大。

（2）为资源配置提供决策依据。资源的配置与产品的生命周期密切相关。企业通常愿意在产品的成长阶段投入大量的资源，因为处于成长阶段的产品具有较大的市场潜力可供挖掘；而不愿在产品的成熟阶段进行投资，因为生命周期理论认为，在这一阶段，销售已达到了市场潜力。

（3）为店址的选择和其他资源配置提供决策依据。生产商和零售商在选择新店址的时候，通常会把市场潜力作为关键指标。同样，企业在进行广告预算或者策划营销活动时，也会将市场潜力作为关键因素加以考虑。

（4）作为目标设计和绩效评估的依据。市场潜力为企业的营销人员提供了努力的方向。如若企业的实际销售量低于市场潜力，营销人员便要分析产生这种差距的原因，进而推动企业市场策略和营销计划的优化。此外，划出几个市场潜力相当的销售区域，让不同的销售员进行销售，也便于销售经理对各销售员进行绩效评估。

（5）为销售预测提供依据。企业在制订年度计划时，可将市场潜力作为销售预测的依据。

二、一次失败的市场潜力分析

韩国现代集团的产品以其物美价廉和品牌声誉，一度在南非市场上呼风唤雨，十大名牌汽车有其一。然而，谁也没有想到，这种繁荣的景象只是昙花一现。在进入南非市场短短几年间，现代集团在南非的代理分销公司就债台高筑，最终竟达87.7亿兰特（约合14.62亿美元）之巨，不得不宣告破产。

一位南非的高级雇员透露了现代集团溃败的根源。原来，从一开始，现代集团的决策层就对南非市场的潜力做出了错误的判断。这也难怪，虽然南非算不上幅员辽阔，但其境内基础设施相当先进，公路四通八达，人均国民生产总值也颇为可观，世界上许多大的汽车厂商都将其视为很有潜力的市场。很显然，现代集团对南非市场潜力的估计更为乐观。由于与其他主要竞争对手相比，现代集团进入南非市场较晚，为弥补这一劣势，现代集团不惜血本展开了猛烈的广告攻势，与当时的日本厂商争斗得不可开交。不仅如此，急于求成的现代集团，在立足未稳之际，便不由分说地投资 3 亿兰特在南非的邻国博茨瓦纳建立了组装厂，专门向南非供货。

大手笔毕竟不同凡响，现代集团很快就在南非市场上分得了一杯羹，市场销售形势喜人。在其经营得最好的时期，月销量一度高达 800 辆。然而，浮华过后，真理终究要显现。事实证明，南非市场的潜力大大低于现代集团的期望。由于贫富悬殊，南非能买得起汽车的人并不多，再加上内需不旺，汽车市场很快便尽显疲态，汽车销售总量连创新低，令各大汽车厂商愁眉不展。现代集团的眉头只有锁得更深，因为自从进入南非市场以来，它一直是在负债经营，如今的状况可算是雪上加霜。然而"屋漏偏逢连夜雨"，对现代集团更为不利的是，南非一改以往低关税的政策，并且提高了银行的贷款利率，使得现代集团的生产成本猛增，甚至出现生产汽车越多亏损越多的尴尬景象。倘若此时现代集团能认识到自己的错误，及时调整策略，收缩战线，稳住市场份额，或许还有一线生机，然而现代集团的决策层显然没有这样想。

现在看来，当时现代集团的决策层显然还对南非市场抱有幻想，认为困难只是暂时的，南非市场的潜力还是可观的。为此，现代集团不惜迎难而上，继续大举借债，硬着头皮去占有更大的市场，甚至提出了"从南非向南部非洲扩展"的策略。于是摊子越铺越大，钱越借越多，但市场形势并没有像预期的那样好转，结果现代集团难以满足的胃口最终被日益膨胀的债务所撑破。

毫无疑问，市场潜力分析的失误是现代集团败走南非的"元凶"。但不可否认，缺乏后劲和充足的实力也是其最终没能扭转困境的重要原因之一。

方法实施要点

市场潜力分析的方法主要有 3 种，分别是分析预测法、市场因素组合法和多因素指数法。

1. 分析预测法

这种方法通过对产品的潜在使用者或购买者提问来进行预测。实施这种方法的步骤为：

首先，明确该产品的潜在购买者和使用者。管理者可以通过评估市场上的所有顾客来确定，也可以用反向提问"谁不是合格的潜在顾客"的方式来辨别。

其次，确定每一潜在购买群体的规模。对潜在购买者和使用者进行分类，并确定每一类别的人数。

最后，估算潜在购买群体的使用率或购买率，计算市场潜力。潜在购买群体的使用率或购买率可以根据调查或其他研究所获得的平均购买率来确定，也可根据重度使用者的使用率来确定。确定使用率或购买率后，用其乘以上一步骤所得出的结果，即可得出市场潜力。

2. 市场因素组合法

市场因素组合法，即先辨别出市场上的所有潜在购买者，然后对潜在购买者的购买量进行估计。

利用市场因素组合进行市场潜力分析还有一个比较有效的方法，就是在标准产业分类体系的基础上，估计某个行业所需产品的数量。

3. 多因素指数法

多因素指数法即确定若干个对某一产品的销售会产生重要影响的因素，并赋予每一因素一个特定的权数，从而计算出企业可期待的销售额。多因素指数法不是唯一的。企业可根据现实的市场特征，设计有针对性的指数。

第二章　市场机会选择

竞争对手界定法

只有正确界定竞争对手，才有可能在竞争中取胜。

不仅争夺顾客资源的企业是竞争对手，争夺其他资源的企业也是竞争对手。

一、正确界定竞争对手

在激烈的市场竞争中，超越竞争对手无疑是企业的战略重点。但如若企业无法界定竞争对手，或者界定的竞争对手是不准确的，就势必会对企业的发展造成消极的影响。因此，企业超越竞争对手、实现战略目标的前提是正确地界定竞争对手。

企业之间的竞争，通常是指对顾客的争夺。实际上除顾客资源方面的竞争以外，企业之间的竞争还表现在争夺其他资源上。举例来说，当当网和华为公司有着截然不同的目标顾客。从顾客资源这方面来看，它们之间没有竞争关系。但是他们都要在相同的劳动供给条件下，争夺优秀的计算机编程人员。因此从人力资源角度来考虑，华为公司与当当网便是竞争对手。总地来说，界定竞争对手的标准有 4 种，即顾客导向、营销导向、资源导向和地理区隔。具体如表 1-1 所示：

表 1-1　**界定竞争对手的标准**

标准	细化内容
顾客导向	顾客为什么使用该产品和服务——满足顾客需求方式的竞争；顾客是谁——类似预算的竞争；顾客什么时候使用产品或服务——时间和注意力的竞争

（续表）

营销导向	分销策略、价格策略、媒体策略、沟通策略、广告和促销
资源导向	人力资源、财务资源
地理区隔	

二、麦当劳的汉堡包之战

如今麦当劳的连锁店已遍布全球，是名副其实的快餐巨人，然而这个巨人是如何一步一步成长起来的呢？这还得从咖啡店说起，因为麦当劳正是踏着咖啡馆的肩膀上路的。

20世纪中期，咖啡馆在美国相当受欢迎（当然现在也不冷清）。一家小的咖啡店里通常只有六七只凳子和一个柜台。在这样一个温馨的小空间里，顾客除了品尝咖啡以外，还可以吃到火腿蛋、烟熏猪肉、莴苣三明治和冰淇淋等食品，当然，汉堡包、法式炸鸡也是必不可少的。每一个城市、每一个地区的咖啡馆都有不同的特色，例如在费城，奶酪牛排三明治是其特色，蛤肉杂烩则是波士顿的特色等。不同地区的咖啡店都在警惕地防卫着自己的地盘。

是的，各地的咖啡馆都有自己的特色，但是这些咖啡馆并没有专心经营自己的特色。就像上文所说的，顾客可以在一个小咖啡馆里点到许多自己喜欢吃的食物。当然，这样做可以满足顾客多方面的需求，但是从营销战略的角度来看，它的战线拉得太长了，因而不堪一击。精明的雷·克罗克敏锐地发现了咖啡馆的弱点，他以最受人们欢迎的食品汉堡包作为突破口，向咖啡馆发起了猛烈的攻击。

事情进展得很顺利，应该说麦当劳的战役打得非常漂亮。作为对手的咖啡馆甚至没有意识到自己受到了攻击，而成千上万的咖啡馆的顾客却走进了麦当劳。暂时的成功并没有令克罗克得意忘形，雄心勃勃的他立即着手扩张他的麦当劳版图，很快麦当劳的连锁店就开遍了整个美国。当咖啡馆意识到他们的顾客更多地光顾麦当劳的时候,想办法应对这一状况已经来不及了,麦当劳已经确立了它在汉堡包领域的不可动摇的优势。就这样,麦当劳开始了向巨人成长的旅程。

如今,在讨论麦当劳的成功时,营销专家们津津乐道于该公司严格的程序和标准以及它对清洁的狂热追求,却很少提及其最初的成功。但也许那才是最为重要的,而成功的原因就是:在正确的时间选择了正确的对手,最后用正确的方式战胜了对手。

方法实施要点

界定竞争对手的方法主要有 5 种,它们分别是:

(1)根据已有的分类标准来界定竞争对手。这是界定竞争对手最简单的方法。国际上流行的分类标准主要有 3 类,即标准工业编码、北美工业分类系统、邓白氏编码。这些分类标准把世间的各行各业进行详细的归纳分类,企业很容易找到所属的行业,从而锁定自己的竞争对手。

(2)根据产品的相互替代性来界定竞争对手。

(3)由管理者做出判断。即管理者根据自己的经验、市场报告、分销商或者其他的渠道来界定当前和潜在的竞争对手。管理者可借助图表来勾勒思维过程,下面的著名的安索夫成长矩阵变形便是一个常用的分析方法。

市场	产品或服务	
	相同	不同
相同	A	B
不同	C	D

其中,A 代表着产品和服务大体相同,追求同一顾客群体的企业之间的产品形式竞争。C 代表着目标顾客群体不同的产品形式竞争。B 则代表了企业潜在的竞争对手,这类竞争对手通过不同的产品和服务已经具备了和企业争夺市场的潜力。对于这类竞争对手,企业应予以充分的注意,努力预测其中哪些

企业有可能成为自己直接的竞争对手，并制定应对措施。D 类竞争对手是最难以预测的，它们看起来与企业没有什么竞争关系，它们针对不同的市场销售不同的产品，在产品和市场方面与企业没有任何交集，但事实上它们仍有可能是企业的强大的竞争对手。

（4）根据顾客购买信息界定竞争对手。顾客的购买信息通常包括两种：一是真实购买或使用的数据，二是判断数据。这种数据只适合评估当前的市场结构，而不能反映未来的市场结构。为了方便数据的使用，企业可根据品牌转换、交叉需求弹性等要素对顾客的购买信息进行分类。

（5）根据顾客的意见界定竞争对手。根据顾客意见界定竞争对手的方法主要有 4 类，即整体相似、部分相似、产品删除和替代使用。

竞争性路径分析法

在零和甚至是负和博弈状态下，企业若想生存和发展，必须掌握竞争对手的竞争策略。

收集竞争对手资料，对竞争对手进行分析，日益成为企业的一项重要职能。

一、知己知彼，方能百战不殆

企业所面临的宏观环境正经历着剧变：国际竞争日趋激烈、科技发展日新月异、利率和通货膨胀大幅波动、消费者的口味频繁变化，令人难以捉摸。在这样一个复杂的背景里，隐藏着无数不确定的因素。企业只有把握住竞争对手的脉搏，才能在市场中站稳脚跟。

要对竞争对手进行分析，首先要进行资料的收集。一般来说，资料主要来源于三个方面，即二手资料来源、原始资料来源和其他资料来源。

（1）二手资料来源。二手资料是资料的主要来源，它所涵盖的范围非常广泛，且一般不需付出较高的代价。具体来说，二手资料主要通过以下几种途径获取：①从出版物获得。企业可从地方报纸、商业出版物、贸易出版物等找到竞争对手的若干资料。②从竞争对手公开的资料中获得。竞争对手公开的资料包括年报、10K 报告、促销宣传材料等。③从各种组织机构中获得。一些组织或机构可能也会收集竞争对手的信息，通常企业可以从政府、贸易协会以及咨询机构中找到有关竞争对手的信息。④从互联网中获得。网络和电子数据库可以为企业提供大量的廉价信息，已逐渐成为二手资料的主要来源。

（2）原始资料来源。原始资料主要有 5 类来源：第一是企业的销售人员和顾客。销售人员常在市场上进行营销活动，因此他们是最有可能获知竞争对手信息的人员。企业应帮助和鼓励销售人员去收集有关竞争对手的信息。顾客也是较易于获知竞争对手信息的人群，企业可通过各种方式从顾客处获知信息。第二是企业员工。企业可发动员工去从市场上搜集竞争对手的信息。第三是供应商。企业可从供应商处搜集信息，以估计竞争对手的生产规模和销售情况。第四是咨询公司和专业调查公司。企业可从咨询公司或专业调查公司处购买有关竞争对手的报告。第五是投资银行。如果竞争对手是投资银行的目标客户，企业便可利用投资银行了解竞争对手方方面面的信息。

（3）其他资料来源。除上述种种来源之外，企业还能够通过下述途径收集资料：展览展会、招聘广告、工厂参观、逆向工程、样板市场、对手重要员工等。

二、雅马哈轻敌，遭遇惨败

20 世纪 70 年代末和 80 年代初，日本的雅马哈摩托车公司同本田公司展开了一场争夺行业领导者地位的竞争。这场竞争异常惨烈，甚至被时人称为"近代日本工业领域中最残酷的一场决斗"。雅马哈在这场竞争中盲目自大，忽视对竞争对手的分析，最终以惨痛的失败而告终。

自 20 世纪 50 年代以来，本田一直是摩托车行业中不可忽视的力量。进入 60 年代以后，本田突然发力，疯狂地抢占市场份额，利用盈利进行再投资，终于在 1964 年成功加冕世界摩托车行业霸主。此后本田并没有懈怠，实力愈发雄厚，在日本本土的市场占有率一度高达 85%。20 世纪 60 年代末至 70 年代初，世界摩托车市场需求趋缓。为拓宽公司的业务面，本田决定进军汽车市场。当时国际汽车行业并不景气，竞争也十分激烈。为了能在汽车行业立足，本田不得不投入大量的资源，只能暂时放缓在摩托车行业的发展。本田的努力得到了回报，1975 年，它的汽车业务的收入便超过了摩托车业务的收入。

就在本田专注于汽车业务，无暇顾及摩托车业务的时候，原来居于摩托车行业第二名位置的雅马哈公司抓住机会，积极拓展摩托车市场。在雅马哈的步步紧逼下，本田一退再退，二者市场份额的差距逐渐缩小。1970 年本田摩托车的销售额 3 倍于雅马哈；而到了 1979 年，二者销售额的对比便成为 1.4：1，虽然本田仍然领先，但优势已大不如前；1981 年二者的市场占有率已不相上下，本田的领先优势丧失殆尽。

在巨大的胜利面前，雅马哈的管理层出现了盲目乐观的情绪。他们被本田败退的表面现象所蒙蔽，以为后者已成为待宰的羔羊，而完全忘记了"瘦死的骆驼比马大"的道理。1981 年 8 月，时任雅马哈总经理的日朝智子对外宣称："雅马哈将建立年产 100 万辆机车的新工厂。这个工厂一旦建成投产，雅马哈的年产量将提高到 400 万辆，超过本田 20 万辆，到时雅马哈将成为摩托车市场新的王者！"雅马哈公司的董事长也随后表示："身为一家专业的摩托车厂商，我们不能永远屈居第二！"

雅马哈的挑衅行为终于引起了本田的重视。这个摩托车行业曾经不可一世的霸主，决定让后来者看看什么才是真正的实力，他们迅速做出决策：在雅马哈新厂尚未建成时，以迅雷不及掩耳之势予以反击，打掉其嚣张的气焰。于是，残酷的战役拉开了序幕。

本田首先使出的杀手锏是大幅度的降价。一般车型的降价幅度超过了1/3，同时增加了促销费用和销售点。这一招对消费者的吸引力是巨大的，拿一部50升的本田摩托车来说，其价格甚至不如一辆10变速的自行车。诚然，降价使本田摩托车业务的利润变得非常单薄，但"东边不亮西边亮"，汽车业务的利润足以维持企业的正常运转。相较而言，雅马哈是一家专业的摩托车生产商，采取与本田公司相同的降价策略无疑是不能承担的。

本田的另一招是产品的迅速升级换代。在短短1年多的时间内，本田凭借其雄厚的技术基础，陆续推出了81种新车型，淘汰了32种旧车型。而雅马哈的资金大多被新建的工厂所牵制，内部营运尚且资金不足，新产品开发更是有心无力，仅仅推出了34种新车型，淘汰了3种旧车型。本田的不断更新换代吸引了众多年轻消费者的关注，永远富有新鲜感也使经销商更加努力地推销新产品，相形之下雅马哈则显得暮气沉沉。本田摩托车的销售量扶摇直上，而雅马哈产品的库存却越来越多，只能通过打折的方式销售。

这场"近代日本工业领域中最残酷的决斗"仅仅持续了18个月。在这期间，雅马哈的市场占有率从37％下降至23％，营业额锐减50％，负债累累，其库存更是一度达到日本摩托车行业库存的一半！最终走投无路的雅马哈只得宣布投降。1983年6月，雅马哈董事长川上携总经理智子，就雅马哈的"不慎言辞"正式向本田公司道歉。在记者招待会上，川上还宣布了解除智子职务的决定。至此，摩托大战终以雅马哈的惨败而画上句号。

方法实施要点

下面我们对竞争性路径分析的具体应用作一个简单的介绍。

1. 判定竞争对手的当前目标

判定竞争对手的当前目标，有利于企业据此制定具有针对性的应对策略。一般来说，竞争对手的基本目标无外乎 3 种，即成长性目标、保持性目标以及收获性目标。

成长性目标，就是指企业注重产品市场份额的增加以及品牌知名度和美誉度的提升，而对产品的利润不十分关注。采用这种目标的企业，其营销活动通常会出现如下现象：产品升级、价格降低、广告投入增加、促销活动频繁、分销投入增多等。竞争对手如若采用这一基本目标，其活动很容易被产品经理、广告代理和其他评估竞争品牌活动的部门所掌握。

保持性目标，即企业在市场逐渐萎缩的情况下，采用有效的措施，减缓其下降速度，以期挽救市场。要判断竞争对手是否采用保持性目标，企业也无需进行大量的市场调研，可通过观察和销售电话报告等方式来保持对竞争对手活动的敏感性。

收获性目标，也被称为奶油目标，即企业已打算退出市场，从而采取各种活动来最大限度地获取收益。竞争对手如若采取这一策略，其营销活动会表现出如下特征：提高产品价格、削减营销预算。企业可通过对上述活动的分析，作出正确的判断。

2. 判断竞争对手当前的策略

对于竞争对手的策略，企业可以从 3 个方面来进行判断：

首先，判断竞争对手的营销策略。营销策略包括 3 个要素，即目标市场选择、核心策略制定和策略实施。对于目标市场选择要素，企业应着重分析竞争对手的目标市场；对于核心策略制定要素，企业应分析竞争对手的核心竞争力是什么：价格或成本优势，抑或是产品差异化优势；对于策略实施，企业应重点分析竞争对手的定价策略、促销策略和分销策略。

其次，分析竞争对手的产品或服务的竞争策略。物理构成在短期内还是决定产品或服务竞争力强弱的关键因素。企业应仔细分析竞争对手产品的物理属性描述，以对其可能采取的策略进行判断。

最后，判断竞争对手的技术策略。可从6个方面来对竞争对手的技术策略进行分析和判断，即研发组织和政策、研发投入水平、竞争力来源、企业能力水平、技术专门化和竞争时效。

3. 评估竞争对手当前的竞争力

对竞争对手当前竞争力的评估，可以从5个方面来进行：一是竞争对手的创意和设计能力，这关系到新产品开发成果的质量高低。毫无疑问，具有强大产品开发能力的企业要比没有创新能力的企业更具长久威胁性。二是竞争对手的财务能力，竞争对手的资金是否雄厚势必会影响到其在市场上的竞争力。三是竞争对手的管理能力，竞争对手主要管理者的特征往往是竞争对手采取某种策略的信号。四是竞争对手的生产能力，生产能力包括竞争对手产能潜力和产品生产质量保证体系的情况。很明显，生产能力强的企业，其威胁性也更大。五是竞争对手的市场能力，市场能力包括分销渠道完善情况、营销人员是否有创造性的营销能力等方面。市场能力非常重要，就算竞争对手的产品开发能力非常强大，如果其在市场能力方面一无是处，它的市场竞争力也会微不足道。

4. 分析竞争对手的市场意愿

分析竞争对手的市场意愿主要是要回答以下几个问题：其一，某一产品对竞争对手的重要程度如何？通常该产品的销售量和利润所占的比重越大，该产品生产线的员工人数越多，其对企业战略的影响就越大，竞争对手也就越大力发展该产品。其二，竞争对手对市场认同度如何？一般来说，企业的高层管理者很难承认自己是错的。其三，竞争对手是否拥有优秀的经理和一流的团队？优秀的员工是企业获得成功的基础。

5. 预测竞争对手未来的策略

企业在预测竞争对手的未来策略时，可采取两种方法：一是在资源变量和策略之间建立因果联系。也就是说，企业要把资源变量和能力同所要追求的策略联系起来。二是站在竞争对手的角度考虑问题。企业可以在收集到的信息的基础上，尝试着扮演竞争对手的角色，设想一下竞争对手在面对这样一个市场环境时，会采取什么样的策略。

市场细分营销

企业不可能满足所有消费者的需求，它们只能根据自身的优势、条件，选择适合自身经营的目标市场。

市场细分是营销成功的核心。

一、市场细分，营销成功的核心

市场细分这一概念，是由美国市场学家温德尔·斯密在 20 世纪 50 年代中期总结了企业界市场营销实践经验后提出来的。其含义是：按照消费者的需求和欲望把一个总体市场划分成若干具有共同特征的子市场的过程。因此，属于同一细分市场的消费者对某一产品的需求是非常相似的，而分属不同细分市场的消费者对同一产品的需求和欲望则是大相径庭的。比如，有的消费者喜欢质量过硬、价格便宜的手机；有的消费者喜欢功能多样、造型时尚的手机；有的消费者则喜欢华贵高雅、有一定象征意义的手机。手机厂商便可以据此划分出三个子市场，选择其中的一个或者几个开展营销活动。

企业要根据自身的优势和特点，从事某一方面的生产和营销活动。而要选择合适的目标市场，则需要企业先进行市场细分。

市场细分的客观条件和目的

市场细分是需要一定客观条件的。只有当商品经济发展到一定阶段，市场上的商品供过于求，消费者的需求呈现出多样化、个性化特征，企业无法通过大批量生产的方式或者无差异化产品策略来满足消费者需求的时候，企业才有必要进行市场细分。

一般来说，市场细分的目的有两点：①使同一细分市场内的消费个体之间的差异降低到最小，使不同细分市场中消费个体间的需求和欲望差距增加到最大；②针对不同的细分市场，采取不同的产品和市场营销组合策略，以求获得最大的效益。

细分市场的原则

有效的细分市场通常具有以下特征：

（1）细分市场应该足够大，并保持稳定，以保证企业有利可图。

（2）细分市场必须是可以识别的，即可以通过人口统计学、情感价值数据和行为方式数据等来描述。

（3）不同的细分市场对同一市场营销组合的反应必须是不一样的，否则就没有进行市场细分的必要了。

（4）细分市场必须具有合理的一致性，即细分市场中的消费个体应有非常相似的需求和欲望。

（5）就其大小而言，各细分市场应该是稳定的。

（6）该细分市场不应该大部分被竞争对手所占据，因为这样很有可能会使自己的产品遭到失败。

二、汇源果汁的市场细分策略

市场细分是企业战略营销的起点。若不进行市场细分，企业的实际经营便会如同盲人摸象，根本无从锁定自己的目标市场；企业也不可能在激烈的市场竞争中找到自己的定位，当然也就更加无法针对市场开发出独具特色的产品了。前瞻性的市场细分固然可以使企业取得巨大的销售额，甚至取得行业领导者的地位，但倘细分一直停留在广度的、静态的层次，不深入研究消费者的实际需求，则前期取得的市场份额必然会被竞争对手所蚕食，从而功亏一篑。汇源果汁便是活生生的例子。

1. 独辟蹊径，初期告捷

20世纪90年代初期，中国市场上碳酸饮料横行，各主要生产厂家把主要精力都放在争夺碳酸饮料的市场份额上。而汇源公司独具慧眼，开始专注于各种果蔬饮料市场的开发。虽然当时市场上有一些小型公司零星地生产和销售果汁饮料，但绝大部分由于起点低、规模小而难有前途。汇源果汁作为一家大规模饮料企业，拥有先进的生产设备和工艺，根本不是一般小企业所能望其项背的。因此，当汇源的大脚踏入果蔬饮料市场的时候，基本没有遇到什么有力的抵抗就轻松占据了市场的制高点。

汇源果汁充分满足了时人对于健康、营养的需求，凭借其大品牌战略、100％纯果汁专业化的生产以及令人眼花缭乱的新产品开发速度，一举打开了财富的大门。在短短几年之间，汇源跃入中国饮料工业的十强之列，其销售收入、利润率、市场占有率等指标均在行业中占据显要位置，成为果汁饮料市场当之无愧的领导者。应该说，汇源果汁取得如此大的成就，广度市场细分的做法是关键因素。

2. 劲敌加入市场争夺战，领导位置拱手相让

汇源果汁凭借广度的市场细分，取得了果汁市场领导者的位置。然而好景不长，当1999年统一集团涉足橙汁产品后，一切都发生了变化。2001年，统一集团仅"鲜橙多"一项产品便创下了10亿元的销售额，并在当年超越了汇源。统一集团的成功吸引了包括可口可乐、百事可乐、康师傅、娃哈哈在内的众多大型饮料企业加入，一时间群雄并起，硝烟弥漫，果汁市场的竞争进入空前激烈的状态。2002年，汇源在与"鲜橙多"、康师傅的"每日C"、可口可乐的"酷儿"等品牌的竞争中已处于劣势地位。尽管汇源公司将失利归咎于"广告投入不足"和

"PET 包装线的缺失"等原因，然在汇源增大广告投入、花巨资引入 PET 生产线后，其市场份额仍然在不断下降。很显然，问题并不像汇源想的那样简单。

3. 病因分析：市场细分静止僵化

在市场的导入期，由于顾客的需求较为简单、直接，市场细分可以围绕着地理分布、人口及经济因素等广度范围展开。此时，品牌的有力竞争者往往还没有出现，竞争一般局限在产品、质量、价格、渠道等方面。汇源果汁也正是在这一阶段脱颖而出的。但是，这种广度的市场细分方法只适合在市场的启动和成长阶段使用，当顾客的需求呈现出多样化和复杂化等特征的时候，市场细分也应由原先的广度和静止向深度和动态发展。

以统一"鲜橙多"为例，其通过深度市场细分，选择了追求健康、个性、美丽的时尚女青年作为目标市场，并依此进行产品设计，卖点更是直指消费者的心理需求："统一鲜橙多，多喝多漂亮"；可口可乐则专门针对儿童市场推出了果汁饮料"酷儿"，"酷儿"的卡通形象反映了可口可乐品牌运作的一贯水准，同时也俘获了万千儿童及年轻家长的心。而汇源对市场的变化"不知不觉"，一直保持自己的动能性诉求，包装也仍以家庭装为主，根本没有界定出具有明显个性特征的目标群体市场。即使在市场竞争中遭遇"滑铁卢"之后，汇源推出的 500ml、PET瓶装的"真"系列和卡通造型的瓶装系列橙汁，也仅仅是对竞争对手包装的简单模仿。

从上述分析可以看出，汇源果汁市场地位降低的根本原因是其经营出发点、市场细分方法已跟不上市场发展的步伐。汇源是以自身作为经营的出发点，以静态的和广度的市场细分来看待和经营果汁市场。而统一和可口可乐公司则从消费者的角度出发，用深度的和动态的市场细分原则来切入市场。可知，同样是"细分"，在产品的不同生命周期阶段却有着不同的表现和结果。

方法实施要点

美国市场学家麦卡锡曾提出了进行市场细分的一整套程序，这一程序包括 7 个步骤：

1. 选定产品市场范围

选定产品市场范围即确定企业进入什么行业，生产什么产品。产品市场范围的确定应以顾客的需求为标准，而不是产品本身的特性。例如，一家房地产企业想要在乡下建一座简朴的住宅。如果单从这座住宅的特性来考虑，企业可能会认为住宅的目标顾客是收入不高的消费者；但若从顾客的角度来考虑问题，或许会得出不一样的结论。因为，一些高收入者厌倦了城市的喧闹和高楼大厦之后，可能会非常向往乡间清静、简单的生活。

2. 列举出潜在顾客的基本需求

企业通过调查，列举潜在顾客的基本需求。如上述例子，潜在顾客对住宅的基本需求可能包括遮风避雨、安全、方便、经济、宁静、设计合理、室内装修完备、工程质量高等。

3. 了解不同顾客的不同需求

对于列举出来的基本需求，不同顾客强调的重点可能是不一样的。比如，遮风避雨、安全、经济等条件可能是所有顾客都会关心的，而对于其他的基本需求，有的顾客会强调方便、设计合理，还有的顾客则会强调安静、内部装修等。通过这种比较，不同顾客的需求差异便会被识别出来。

4. 选取重要的差异需求为细分标准

可以抽掉顾客的共同要求，而把顾客的特殊需求作为市场细分的标准。如经济、安全、遮风避雨需求固然重要，但它不能成为市场细分的标准，因此应该剔出去，而把重点放在安静、内部装修、方便等需求上。

5. 根据所选标准细分市场

营销时根据潜在顾客需求上的差异性，将顾客划分为不同的群体或者子市场。上述房地产公司将顾客划分为老成者、好动者、新婚者、度假者等多个群体，并据此采取不同的营销策略。

6. 分析各个细分市场的购买行为

进一步分析各个细分市场的需求和购买行为，并找到其原因，以便在此基础上决定是否可以合并这些细分市场或者对细分市场进行进一步的细分。

7. 评估各个细分市场的规模

在仔细调查的基础上，评估每一细分市场的顾客数量、购买频率、平均每次购买数量等，并对细分市场上产品的竞争状态及发展趋势作分析。

利益细分法

人们在消费某一特定产品时寻求的利益（效用）是细分市场存在的真正原因。

利益细分变量比人口特征以及其他细分变量对消费者行为所起到的决定性作用要更为直接、更为精确、更具可预测性。

一、最有效的市场细分方法

利益细分作为行为细分的一种，建立在因果关系变量的基础之上，认为消费者在寻求某一特定产品时所寻求的利益（效用）是细分市场存在的根本原因。利益细分变量是建立细分市场的最为行之有效的细分方法。

利益细分概述

有研究表明，消费者所渴望的利益（效用）比人口特征或者其他细分变量对其购买行为的影响更为直接、精确，更具决定性，也更便于预测，由此可见利益细分的意义所在。依据消费者所寻求的利益建立细分市场后，也要对每一细分市场的人口特征、消费量、品牌感知等因素加以认识，这有助于营销人员更有效地接近顾客，更深入地理解顾客，从而更好地满足消费者的需求。

利益细分是对消费者价值体系进行具体衡量之后实施的，虽然具有可操作性，但操作起来比较复杂，通常需要借助于计算机来进行复杂的计算和预测。可供选择的统计方法有"Q"因素分析技术、多维比例放缩以及距测法等。这些方法都对每一被调查者的测试结果进行比较和分析，以确定具有相似测试结果的个体集合，每一个体集合对应着一种潜在的有利可图的利益细分市场。在某些情况下，企业也可以不选择这些复杂的分析方法，直接通过直觉来进行利益细分市场的划分。这方面也不乏成功的案例，如福特汽车公司开发的野马轿车、烟草公司推出的 100 毫米长度香烟等。但不可否认的是，从长远来看，系统的利益细分研究要比仅凭直觉划分更稳妥一些。

利益细分在营销决策中的现实意义

企业对消费者市场进行利益细分研究，可对产品定位、价格制定、广告制作、媒体选择、包装设计、促销等营销因素的组合决策具有现实的指导意义。比如，利益细分的研究对指导新产品的定位有着重要的价值。营销人员一旦发现了市场中空白的利益细分市场，便可立即进行新产品的研发，发掘新的市场机会，并给新产品以准确的定位。而利益细分研究所搜集的信息将有助于企业在特定的目标市场上选择最为合适的促销方式，以及设计更为恰当的销售现场宣传资料。

总之，利益细分方法之所以引起了众多企业以及营销研究人员的注意，就在于它向人们提供了一种研究市场的新思路。且事实证明，这种思路对企业的营销工作有着巨大的促进作用。只要企业的营销人员对消费者市场进行利益细分研究，就总能发现一些小的市场。运用恰当的营销策略去占领这些小的细分市场，无疑会大大提升企业的销售业绩，有利于企业营销目标的实现。

二、牙膏市场的利益细分及其营销策略选择

美国营销学家拉塞尔·哈雷在对牙膏的消费者所追寻的利益进行研究后，成功地细分了牙膏市场。他的研究揭示了4种主要的细分市场类型，分别是防蛀、注重洁齿、注重牙膏的口味和外观以及经济实惠的价格。每一种细分市场都有其人口统计的行为和心理特征，为营销活动的策划和实施提供了依据。由于中国市场和美国市场不同，按照中国牙膏消费者所追求的利益，可以将中国牙膏市场分为5种类型。企业可针对这5种类型实施相应的营销策略。

（1）防蛀型。购买者多为有孩子的家庭，所寻求的利益点是预防龋齿。对于这一利益细分市场，企业多采用演示性广告策略，在广告中向消费者展示防蛀原理，强调牙膏的抗龋齿的功效。广告的解说词里大多包括权威机构如中华口腔医学会的认证，广告选用在学校课堂向小学生进行预防龋齿教育。在产品包装的醒目位置上，多标注了含氟、可提供多重保护以及中华口腔医学会的标志。这样使该利益细分市场的消费者相信产品能够满足自己的期望，从而达到良好的宣传效果。

（2）经济型。购买者所寻求的主要利益是较低的价格，购买者多为收入较低、独立型强的成年人。企业在针对这一利益细分市场的广告中，除了要宣传产品的价格竞争力之外，还可以展示其他方面的优点。

（3）预防牙周病和牙齿过敏。这类购买者更为看重牙膏的保健和治疗结果，多为中老年和患有牙病的人士。这类购买者的独立性强，性格倾向于保守，是牙膏的主要消费者。在这一利益细分市场上，蓝天六必治以"牙好，胃口就好，吃嘛嘛香"为广告语，取得了不错的市场效果。

（4）牙齿美白。这种类型的购买者较为注重牙齿洁白和美

容化妆效果，多为吸烟、性格外向、善于交际的人士。在这一方面，广告主题要强调增白效果和美容保健的功能，应选择气氛轻松优雅的社交场合作为广告场景，包装设计中也应体现光亮洁白的牙齿。

（5）口味和外观。这种类型的购买者对牙膏的口味和外观更为偏好，多为儿童。针对这一利益细分市场，广告常注意口味和外观的宣传，口味上分为留兰香型、薄荷型和各种果味牙膏，外观上则主要有彩条、透明、蓝白膏体等，以吸引儿童。

方法实施要点

利益细分市场的基本法则包括以下几个方面：

（1）创造新的细分市场，不如维护老的细分市场。许多企业致力于生产和竞争对手截然不同的产品，期望能够开辟新的细分市场。这样做本无可厚非，但是与维护现有的细分市场相比，它显得过于昂贵且效果并不与投入成正比。企业应更加重视对现有细分市场的研究，掌握已熟悉消费者的更多的信息，制定更加切实有效的营销策略，这样将使企业获得更为令人满意的益处。

（2）一种品牌不可能满足所有顾客的需要。这一法则是在告诉企业：要使产品覆盖更大范围的市场，就要为顾客提供多种品牌。如今市场上新品牌不断涌现，可视为对这一法则的回应。

（3）属于同一公司的多种品牌，应尽量避免相互竞争。经常会出现同一公司旗下的品牌相互竞争的现象，诚然这有利于提高企业的活力，但谁也不能够否认这将造成极大的内耗，造成资源的浪费。

（4）产品的设计应能满足既定细分市场的需求。企业必须针对具体的顾客群进行产品的设计，也就是说，要瞄准既定的细分市场设计产品；反之，如果同时瞄准两个或者两个以上的细分市场，必然会犯市场细分定位模糊的错误，使产品左右不讨好。

第三章　确定产品竞争优势

产品生命周期及其营销策略

产品生命周期理论将产品分成不同的生命阶段，营销人员可针对不同阶段的特点采取有针对性的营销策略。

产品生命周期也是营销人员用来描述产品和市场运作方法的有力工具。

一、产品生命周期，制定营销目标和营销策略的依据

生命周期是现代市场营销中一个非常重要的概念。它是从无数产品从诞生到退出市场的自然过程中所总结出来的，意指一种产品自开发成功和上市销售，到在市场上由弱到强，再到衰退被市场所淘汰，整个过程所持续的时间。

产品生命周期 4 个阶段

典型的产品生命周期一般可以分为导入期、成长期、成熟期和衰退期 4 个阶段。

(1) 导入期。这是产品开始上市的阶段。在这一阶段，产品的知名度不高，销售增长缓慢。为打开局面，企业不得不投入大量的促销宣传费用。因此，在这一阶段，产品一般不会给企业带来丰厚的利润。

(2) 成长期。在这一阶段，产品的知名度迅速攀升，销售增长率也以较快的速度上升，利润显著增长，竞争对手的类似产品也有可能慢慢冒出来。

（3）成熟期。在这一阶段，产品被大量生产和销售，销售额和利润额在达到高峰后出现疲态，开始慢慢回落，市场竞争空前激烈，产品成本和价格趋于下降。但是在成熟期后期，营销费用开始逐渐增长。

（4）衰退期。销售增长率出现负值，利润越来越小，竞争的激烈程度丝毫未减，同时，产品的替代品已经出现。随着利润空间越来越小，产品会逐渐退出市场。

产品生命周期的其他形态

S型曲线的产品生命周期只是产品生命周期的一般形态。事实上，现实生活中不同的产品种类、产品形式甚至不同的产品品牌的生命周期形态都不一样，其中常见的有以下 3 种形态：

（1）"增长—衰退—成熟"型。小厨房用具常常会表现出这样的特点。例如，电动刀在刚进入市场时，销售增长十分迅速，但随后就跌入到"僵化"的水平，然而这个水平却因为不断有晚期采用者首次购买产品和早期使用者更新产品而得以维持。

（2）"循环—再循环"型。药品的销售常常会出现这种形态。当新药品上市的时候，厂商通过积极地促销，催生出第一轮循环；然后随着销售额的下降，厂商不得不再次促销，于是便产生了规模和持续时间上都较小的第二轮循环。

（3）"扇"型。厂商发现了产品新的用途、特征或者用户，而使得产品的生命周期得以延长。如某种新材料被发明后，由于其用途不断地拓展，致使其销售额不断呈扇形扩大。

二、产品生命周期理论在杜邦公司战略管理中的应用

化工业巨头杜邦公司在运用产品生命周期模型方面，一直处于领先地位。杜邦公司将生命周期模型运用于战略分析与战略行为研究中所积累的经验，是非常具有借鉴意义的。它可以

帮助管理者们明确如何根据特定的市场形势应用生命周期概念。

　　杜邦公司通过搜集产品生命周期中的信息，并把这些信息与市场竞争情况变化的预测结合起来，形成所谓的竞争生命周期模型，以描述化工行业内每一位竞争者所经历的典型的发展历程，即在市场发展的最初阶段，市场完全被一家企业所占据，这家企业是该市场的唯一供应商。这家企业所提供的新产品与其替代品相比，在功能方面具有很强的竞争力。随后，生产同类产品的竞争者也开始慢慢渗入到市场中来，这标志着竞争渗透阶段的开始。在这一阶段，新进入的竞争者为了对抗市场最先进入者所积累的优势，不得不向消费者提供更为优惠的价格、更为周到的服务，以获取确保企业可以长期生存下去的适当的市场份额，为此各公司之间进行着广泛的竞争。当市场增长趋缓，各竞争者所占据的市场份额相对稳定的时候，这就标志着市场竞争已进入市场份额相对稳定阶段。在这一阶段，各竞争产品间的差异逐渐缩小。随着各竞争者所提供的产品不再具有任何重要差异，一般商品竞争阶段便开始了。杜邦公司认为，如果没有例外情况，这一阶段便是竞争生命周期的最后一个阶段，也是企业退出市场的时机。

　　以上便是杜邦公司关于市场发展过程的理论。杜邦公司认为，无论是在市场发展的何种阶段，都应该将顾客的需求放在最重要的位置上。因此，在杜邦的战备计划中，旨在帮助管理者和营销者理解客户需求的"使用价值"分析便起到了基础性的作用。在这一分析中，经理们针对某一特定产品，对其几个重要用途进行经济评估，以得出一个能够与顾客对该产品价值的合理评价相符合的价位。这一分析基于顾客对产品的经济评价，因此它能够非常好地帮助经理们清楚地理解顾客的需求。由于顾客的需求总是随着时间的变化而不断变化，杜邦的经理们需要在生命周期的不同阶段重复进行"使用价值"分析。

　　在竞争的渗透阶段，不断有竞争者冒出。为了维持或者争取适当的市场份额，除了要运用"使用价值"分析之外，还可运用"竞争对手反应"分析。杜邦公司一直致力于在竞争中占据有利位置，以防在发生经济衰退时遭遇重创。为此，经理们不仅要了解本公司的情况，更要追踪和调查竞争对手的一系列行动。

在竞争生命周期最后的一般商品竞争阶段，经理们往往还需运用"盈利性"分析来确定企业是否退出市场。杜邦公司研究发现，在市场竞争的最后阶段，由于各竞争对手的市场份额相对稳定，可以较为准确地预测公司未来的财务状况，并据此确定公司未来是否还能够赢得可观的利润额，从而为企业是否退出市场提供依据。

方法实施要点

产品生命周期的不同阶段常会表现出不同的市场特点。为此，需要制定出相应的营销目标和营销策略。

1. 产品导入期的营销策略

常用的策略有以下 4 种：

（1）高价格低促销策略。用这种方式推出产品，是为了以最小的促销费用获得最大限度的收益。这种策略的适用条件是：目标市场规模有限；产品已具有相当知名度；潜在用户愿意支付高价；潜在竞争并不紧迫。

（2）高价格高促销策略。这一策略的适用条件是：产品确有特点，有吸引力，但知名度不高；市场潜力巨大，目标顾客有强大的支付能力。

（3）缓慢渗透策略，即以低价格和少量促销费用支出的策略推出新产品。这一策略的适用条件有：市场潜力较大，且消费者熟悉该产品；市场对价格敏感。

（4）快速渗透策略，即以低价格并配合大量的促销宣传推出新产品。这一策略的目的是：迅速占领目标市场，随着产销量的扩大，降低单位产品的成本，以获取规模效益。这一策略的适用条件是：市场规模大，但用户对该产品不了解；多数购买者对价格非常敏感；潜在竞争非常严重；规模效益有实现的可能。

2. 成长期营销策略

这一阶段，产品的销售量和利润额都在迅速增长。营销策略应侧重于保持产品质量与服务质量，切忌因为销售形势好便急功近利，粗制滥造，片面地追求销售量和利润额。这无异于杀鸡取卵。具体来说，企业应做到以下几点：努力提高产品质量，增加产品新的功能和特色；积极开拓新的细分市场和开辟新的分销渠道；在适当的时机降低销售价格，以吸引对价格敏感的顾客；广告宣传的重点应由建立产品知名度转到促进用户购买方面。

3. 成熟期营销策略

这一阶段，销售增长率放缓，竞争更趋激烈，名牌逐渐形成。营销策略应是争取稳定的市场份额，延长产品的市场寿命。具体做法主要有以下几点：①努力增加产品的用户数量；②努力增加现有用户对产品的每次使用量及使用频率；③改革产品；④拓宽销售渠道，增加销售网点；⑤加大促销力度。

4. 衰退期营销策略

在这一阶段，企业若试图采取维持的策略，必将付出巨大的代价。明智的决策者应当机立断，弃旧图新，尽快实现产品的更新换代。这一阶段的营销策略突出一个"转"字，即有计划、有步骤地转产新产品。

品牌定位四步法

品牌定位就是给特定的品牌确定一个适当的市场位置，使其产品在消费者心中占据一个有利的位置。

正确的品牌定位是一切品牌成功的基础。

一、好的定位是品牌成功的基础

定位的概念有两方面的内涵。一方面是在认识自身资源及能力的前提下，在市场上找到适合自身条件的细分市场，然后充分发挥自身的能力去满足目标顾客的需求，实现消费者的期望价值，并在这一过程中实现自有及可支配资源和能力的价值最大化。四象限定位法便是基于这一方面的内涵所提出的。而另一方面的定位，则是指找到那些在面临多种选择时依然坚持选用你所提供的产品或服务的顾客，并努力去更好地满足他们的需求。品牌定位四步法便是在这一内涵的指引下发展起来的一种定位方法。

品牌定位四步法的定义

品牌定位四步法是零点前进咨询公司首先提出的。该公司在人口学、心理学、行为学、市场营销学等基本理论的基础上，提出了分析目标群体、确定目标群体的核心价值需求，并在此基础上把产品或服务品牌符号化，从而提升品牌效果和效率的品牌定位方法。由于该定位方法的实施步骤有 4 步，分别是确定目标消费人群、确定目标群体所属角色状态、确定目标群体所属的目标角色状态所追求的核心价值、确定可以代表核心价值的符号体系，所以称之为品牌定位四步法，也称为零点品牌定位四步法。

品牌定位四步解析

第一步，确定目标消费人群。

我们可以利用人口学（年龄、性别、教育程度）、心理学（价值观、文化取向）和行为学（消费行为模式、一般行为特征）等方法来确定目标消费人群。具体来说，主要有 3 种目标群体选择方式：其一是聚焦策略，即在一群人中找到有共同特征或消费需要的一小群人；其二是组合策略，在一大群人中找到某一个有独特需求的群体，以这一群体为主，再找若干个与这一群体有些微差异但没有实质性需求冲突的群体为辅助群体；第三种策略叫作链动策略，即对某一消费者施加影响，该消费者再将这种影响传递到其他消费者那里，从而形成链动效应。

第二步，确定目标群体所属的角色状态。

一个人在不同的时间、不同的地点会扮演不同的角色，同一个人在不同的角色背景下会对某种产品的价值、功能有不同的需求。因此，区分消费者的角色状态也是品牌定位的重要一步。一般来说，人的生存状态对其角色的定位有着非常重要的影响。人的生存状态通常有 4 种：个性化生存、家庭化生存、组织化生存和社会化生存，每一种生存状态都与一种特定的社会关系、社会背景相对应。这些社会关系和社会背景对个人起着约束作用，对个人扮演的角色也起着重要的影响作用。

第三步，确定目标角色状态所追求的核心价值。

品牌的价值点不是唯一的，我们可以运用定量研究的方法，找出各个价值点之间的联系，绘制出品牌价值张力图。一般来说，品牌价值有两种类型：一是在不同的消费群体中都表现出恒定的价值，这便叫作恒定价值；另一种恰好相反，它在不同的消费群体中表现出来的价值有比较大的区别，叫作活跃价值。如果一种品牌表现出恒定的价值，我们便称这一品牌是老成持重的品牌；相反地，我们便称这一品牌是具有活力的品牌。不同的产品需要有不同类型的品牌与之相对应。如果我们需要一个综合性的品牌，就必须把一些恒定的价值和一些活跃的价值组合起来。

第四步，确认可以代表核心价值的符号体系。

企业通常会给品牌设计一个比较抽象的核心价值，比如尊严、自然、自由感、超越等，这些抽象的概念可能不易于被消费者所理解。实际上，消费者通常通过一些具体而形象的符号如语言、图形、物体、色彩、人物等推测品牌的核心价值。因此，为了让消费者更好地理解品牌的核心价值，企业应将复杂的核心价值符号化。另外，人格化也是品牌价值符号体系中不可或缺的重要一环，企业应考虑如何将自己的品牌核心价值人格化。

上述 4 步联系紧密、相互关联，且每一步都是上一步的递进。只有把每一个环节都做得完美无缺，最终才能得到一个准确、科学的定位。

二、奶球品牌重新定位

"奶球"是一种糖果的品牌。这种糖果的包装很别致，是一个小巧而精致的黄棕色盒子。购买奶球牌糖果的多是青少年，他们觉得在看电影的时候嚼着奶球牌糖果很带劲。但是作为奶球品牌的拥有者，史维哲·克拉克公司对现有的市场并不满意。客观地说，青少年对糖果的需求有限，这也是奶球牌糖果的销售业绩总是不尽如人意的根源所在。相较而言，糖果对少不更事的儿童更有吸引力。你会发现，这些儿童的嘴里总是含着一颗糖果，对每一种口味的糖果都非常感兴趣。毫无疑问，平均年龄在 10 岁以下的儿童是糖果的最佳消费者。为了吸引最佳消费者，克拉克公司决定对品牌进行重新定位。

选定了目标消费者，克拉克公司开始着手进行消费者心理分析。调查显示，每当接触到有关糖果的信息，这些小朋友们首先想到的是糖棒的概念，比如好时、杏仁乐、银河、雀巢等品牌的糖棒都非常受欢迎。上述这些品牌的知名度和美誉度都是奶球牌糖果所不能望其项背的。这就意味着，克拉克公司若把奶球品牌定位为糖棒形象，即使花费巨额的广告费，也很难在消费者的心目中扎下根。此路不通，克拉克必须寻找其他的突破点。

经过再三的调查分析，克拉克公司的营销人员终于发现了竞争对手的一个弱点：市场上现有的糖棒都很小，不耐吃。比如 5 元钱一根的好时牌糖棒，孩子一般两三分钟就吃完了。这样使贪吃但零用钱并不宽裕的小消费者非常不满，调查人员常常听到这样的抱怨："不是我吃得太快，而是糖棒本来就不大"，"因为买棒糖，我的零用钱不知不觉就花光了"。小朋友会有这样的经验之谈："告诉你，糖棒千万不能吮吸太快，否则一会儿就没有了。"通过这些充满童趣的话语，小消费者们其实是在传达这样一个信息："我需要耐吃且价格不贵的糖棒。"

针对消费者的需求，克拉克公司很快生产了一种新型的奶球糖，它们被装在盒子里，每盒有 15 颗糖。小朋友们可以一颗一颗地品尝，也可以分几次把这些美味吃完。毫无疑问，这样一盒奶糖比同等价值的糖棒要耐吃得多。虽然奶球糖不是糖棒，但是小消费者们很快就会发现，奶球糖其实是糖棒不错的替代品。

通过市场调查和分析竞争对手，奶球品牌确定了新的市场定位，但这个定位能否取得最后的成功呢？这还要依赖于接下来的广告宣传。策划人员自然而然地将耐吃作为宣传的重点，在此之前，还从来没有其他的糖果广告侧重于宣传耐吃的特点。奶球牌糖果的广告是这样的：从前有一个小孩，他有一张大嘴（一个小孩站在一张大嘴巴旁边），非常喜欢吃糖棒（小孩一根接一根地把糖棒塞入那张大嘴中），但是糖棒并不耐吃（糖棒很快吃完了，大嘴巴非常生气）。这时候小孩发现了一盒奶球糖（小孩兴奋地举起奶球糖，大嘴巴开始舔它的下颚），大嘴巴爱上了奶球，因为它们耐吃（小孩把奶球糖一颗一颗地滚到大嘴巴的舌头上去）。最后，小孩和大嘴巴合唱了一曲欢快的歌谣："当糖棒变成一段遥远的回忆，你不会有什么留恋，因为你拥有了奶球，现在给你的嘴巴弄一些奶球吧！"这则广告发布以后，奶球牌糖果的销售业绩很快就有了起色，品牌知名度也大大提高了。

找到竞争对手的弱点，使自己的产品更能满足消费者的真实需求，这就是奶球品牌成功定位的秘诀。

方法实施要点

企业在进行品牌定位时，通常会有两种不同的选择。

1. 市场支配者的品牌定位策略

对于市场支配者来说，不能陶醉于现有的优势，要永远保持一种进取的精神，应将现有的优势看作是获得更大成功的基础。因此，市场支配者应选择这样的定位策略：永远站在前列，形成良性循环，在竞争中始终比对手更快、更好。

2. 市场跟进者的品牌定位策略

跟进者企业选择的品牌定位策略主要有两种：一种是一直跟在领导品牌的后面进行模仿，这个策略比较保险，不会引起支配者的不满和报复，但是同样也不会使被支配者有翻身的机会；另一种策略是避开领导品牌，寻找空当加以填补，也就是所谓的空当定位。这一策略可能会引起竞争对手的注意，但也不失为被支配者改善现状的一条途径。

品牌价值模型分析法

只有充分了解了品牌的价值构成，才能够培育出具有生命力和吸引力的品牌。

品牌价值内涵的强弱程度，往往决定了消费者对该品牌的忠诚度。

一、了解品牌的价值构成

品牌价值模型由零点前进咨询公司所创，该模型试图通过对品牌价值内涵和外延的研究解决如下问题：评估品牌目前的整体实力和健康状况；掌握品牌资产的主要驱动因素以及他们对消费者的重视程度；为企业努力增强自身的品牌力量提供指导；预知并应对竞争对手的威胁。

品牌价值内涵是品牌价值的核心要素，它是在品牌长期的发展过程中逐渐积淀下来的，反映了一个品牌的内在价值。一个品牌其价值内涵的强弱程度往往决定了消费者对该品牌的忠诚度。一般来说，品牌价值的内涵包括情感和功能两个层面。

1. 情感层面

品牌价值的情感层面主要体现了消费者对品牌在情感和心理上的感知，这种感知是品牌与消费者建立联系的基础。品牌价值的情感层面又受到以下 5 个因素的影响：

（1）历史传承。品牌的历史、起源、特色等对消费者感知的影响是不容忽视的。事实上，一个品牌的历史传承正是形成该品牌价值优势的重要因素。

（2）人格特征。品牌价值人格化是品牌符号体系的重要组成部分，这一点在前面已有介绍，不再赘述。这里需要注意的是，不要刻意将这种人格特征与目标消费者的实际特征相一致，而要将这种特征设计成消费者所渴望、所追求的那种形象，比如万宝路香烟中的牛仔气质。

（3）社会文化特征。品牌的社会文化特征是一种超越产品之上的品牌属性，它在价值文化理念的层次上与消费者进行沟通。比如，有的品牌强调自己的环境保护意识，有的品牌关注体育事业等。

（4）个人联系度。品牌与消费者的个人联系度主要由两个指标来体现：一是品牌与消费者的价值趋同程度；二是品牌与消费者个人的相关程度。个人联系度高的品牌会给人以深刻且持续有效的影响。

（5）可感知的价值。优秀的品牌总能给消费者带来独特的价值感，比如信赖感、高贵感、物有所值感、创造感等。

2. 功能层面

一个品牌若想在市场竞争中获得成功，就必须具备持续为市场提供始终如一、高质量、能与任何竞争对手相媲美的产品或服务。这是一个品牌得以自立于市场的基本条件，而这也是品牌功能层面的含义所在。对于品牌价值的功能层面，我们可以从下述两个方面来理解：

（1）可感知的质量。可感知的质量包括产品性能、外观等硬性的产品质量和维修、配套服务等软性的产品质量。可感知质量的高低决定了消费者能否接受该品牌。换句话说，只有具备良好的消费者可感知质量的品牌才能够在市场上生存。

（2）功能利益。产品的性能和质量是构成消费者满意的主要因素，尤其是当这些功能恰好能够满足消费者的需求时。

二、"红旗"品牌价值的挖掘

曾几何时，"红旗"代表着中国的骄傲，代表着激情燃烧的岁月，也曾是尊贵身份的象征。即便是到了 2003 年，根据某机构的测算，"红旗"这一品牌仍价值 52.48 亿元。然而，在过去相当长的时间里，红旗的品牌价值并没有转化成现实的市场销量。是"红旗"的价值被高估，还是决策者没能使"红旗"发挥其价值？这是一个引人深思的问题。

众所周知，品牌的推广和提升都必须建立在品牌的核心价值之上，核心价值是品牌得以维持和发展的根基所在。因此，要分析"红旗"的品牌价值，首先要明确"红旗"的品牌定位，也即"红旗"是什么？虽然"红旗"是特定历史阶段的产物，但不可否认其核心价值是中华民族精神的浓缩，它代表着时代与奋进、团结与开拓、成就与骄傲。即便是在新时代，"红旗"也应被打造为现代社会的一种精神导向。换句话说，要使"红旗"重新放射出万丈光芒，就必须重视对消费者人性的关注和思考，努力实现附加价值对人性的满足，以期达到震撼心灵的效果。

从更深的层次来讲，"红旗"品牌的衰落并不是偶然的现象，而是有着某种必然的因素。冷战结束后，改革开放的到来，时代的剧烈变迁，使中国人的信仰和价值观出现了迷失的现象，"红旗"作为特定历史阶段的象征，逐渐被人们所淡忘。然而，迷失总是短暂的，而今中国社会的信仰和价值观已然露出融合和重组的兆头，这也给了"红旗"一个登高而呼的时代契机。毫无疑问，"红旗"是最有资格和背景去倡导精神复兴的品牌。它既可以作为某一社会地位和社会阶层的象征，又蕴涵着奋斗精神的内涵，不存在因不同市场定位而使品牌形象出现割裂的问题，可兼顾公务车和私人消费。

因此，期望重振雄风的"红旗"，应将核心价值定位为光荣、奋斗和回馈。在公务车领域，可将核心价值引申为勤政、爱国和服务社会；而在私人消费领域，则可以宣扬：精英、开拓和回馈社会。"红旗"可将目标消费者锁定为 30～45 岁的男性。这个人群通常已经通过自己的努力赢得了一定的成绩，他们沉稳务实，能够适应时代，内心有一种潜在的对"红旗"精神的共鸣。

目标消费者锁定以后，就应对这一群体进行深入分析，收集各种有针对性的信息，如人群的分布、阅读偏好、对信息的接收方式等，然后有的放矢。市场推广的目标是塑造产品的品牌，树立企业的形象。"红旗"应努力营造积极的销售氛围，将"红旗"品牌形象的立足点从历史转移到文化上来。在广告宣传方面，应着力宣传荣誉与尊严、价值与理性等。

"红旗"作为一种象征性的品牌，有着宝贵的品牌价值。倘若弃置不用，无疑是一种奢侈的浪费。深入挖掘其内涵，则必然会在市场上得到丰厚的回报。

方法实施要点

品牌价值模型对企业营销活动有这样的启示：

（1）高值品牌更受消费者的青睐。这一点几乎不用解释，几乎所有消费者都希望自己所购买的产品具有更高的品牌价值内涵。不仅如此，调查显示，不同品牌的同类产品，其品牌价值内涵与消费者愿意付出的价格成正比。也就是说，消费者愿意为品牌价值内涵高的品牌支付更多的金钱。

（2）高品牌价值内涵更容易赢得消费者的忠诚。企业在提高品牌价值内涵上的投入，最终都会在消费者那里得到回报。因为调查显示，品牌价值内涵越高，消费者对该品牌的忠诚度就越高。毫无疑问，消费者的忠诚度会深刻地影响消费者的行为，使消费者重复购买，并向其他人宣传该品牌。

（3）品牌外延对市场份额的增长有一定的贡献。在品牌投入市场初期或者品牌的市场份额较低的时候，品牌外延的塑造会帮助企业实现市场份额的较快增长。但随着品牌具有了一定的市场基础，品牌外延的作用就越来越小。

（4）品牌价值综合实力支撑市场份额。强大的品牌价值内涵和品牌价值外延，会对既得的市场份额起到强有力的支撑作用。也就是说，企业在品牌建设方面的投入最终会得到市场的回报，并支撑品牌长久的发展。

产品与品牌的关系模型

多品牌战略充分尊重了市场差异性。

单品牌战略有利于企业整合、利用优势和资源。

采用组合品牌战略，企业借助自身的强势形象，推广不同的产品。

一、选择合适的产品与品牌组合

企业可以对旗下的产品设定一个统一的品牌，或者对每个产品都设定一个独立的品牌，又或者采用折中的办法，以一个强势的品牌作基础，用不同的次级品牌去拓展不同的细分市场。这便是所谓的 3 种品牌战略，即单品牌战略、多品牌战略和组合品牌战略。现对这 3 种品牌战略进行详细的分析和介绍。

单品牌战略

单品牌战略的特点主要有以下 4 点：

（1）产品的目标市场明确，产品的市场形象比较强大，拥有较高的声誉，且深受顾客的信任。

（2）品牌的档次固定，有固定的消费者群以及一定数量忠诚度较高的消费者。

（3）产品线延伸适度，产品涉及领域非常相近。

（4）产品的生产技术具有可延伸性。

单品牌战略的优缺点可以通过表 1－2 显示：

表 1－2　单品牌战略的优缺点

单品牌战略的优点	单品牌战略的缺点
充分整合和运用企业的优势以及资源	对市场的差异性重视不够
在成熟品牌的牵引下，新产品的市场推广较为容易	不利于企业实施跨行业多元化战略
企业可在生产中做到集中投入、规模经济	不利于风险的分散，一种产品的失败就会容易影响其他产品
可以利用企业的形象，来强化单个品牌的形象	
可更为有效地利用技术的延伸性	不便于覆盖不同价格段的市场
可强化企业的整体形象，吸引忠诚度高的消费者	

多品牌战略

多品牌战略的特点也有 4 点：

（1）企业的目标市场非常广阔，且顾客对产品的需求各异。

（2）目标消费者的需求变化较快，企业必须使产品适应这种变化，并制造各种变化，以吸引更多的消费者。

（3）产品升级换代的速度较快，产品线的调整也较为频繁。

（4）目标市场上的竞争对手较多，竞争产品多，替代品多，消费者选择的余地非常大。

— 127 —

◇ 销售心理学

多品牌战略的优缺点可见表1—3：

表1—3　多品牌战略的优缺点

多品牌战略的优点	多品牌战略的缺点
企业可为不同类别的产品制定最适合的名字，进行最精确的定位	分割了企业的整体优势以及历史资源
尊重市场的差异性	
有利于提高企业整体的市场占有率	增加了企业产品推广的成本
有利于企业实现对不同价格段的市场的覆盖	新产品在推广初期不能借助成熟品牌的优势，致使市场阻力较大
有利于分散企业生产经营的风险	
有利于企业的产品占领更多的零售面积	不利于品牌忠诚度的建立
可以给低品牌忠诚度的消费者更多的选择机会	

组合品牌战略

组合品牌战略的特点主要有4点：

（1）企业将强势品牌定为主品牌，并用多个次级品牌去拓展不同的市场。

（2）主品牌向消费者传达固定品牌的形象，可对次级品牌进行托权。

（3）次级品牌能够吸引主品牌以外的顾客，占据主品牌照顾不到的市场，树立与主品牌相异的形象。

（4）主品牌和次级品牌可根据不同的市场环境，制定不同的定价模式。

组合品牌战略的优缺点见表1—4：

表1—4　组合品牌战略的优缺点

组合品牌战略的优点	组合品牌战略的缺点
可借助主品牌的强势形象，推广多种不同的产品	系列产品中，有一个产品存在瑕疵，就会影响到所有的产品
可帮助消费者区分同一企业的不同产品	

有利于分散企业的生产经营风险	有可能会造成品牌的混淆
可用不同的产品去覆盖各价格段的市场	
可降低品牌开发和推广的成本	
能够有效地避免多品牌所引起的品牌相互影响	

二、松下公司的品牌组合战略

松下公司以产品的高品质创立了一个令人信任的企业品牌，然后以这一成功的企业形象为背景，设计不同的系列品牌，从而成功地进入了不同的细分市场，并收获了良好的市场效果。松下公司所采用的品牌战略就是典型的品牌组合战略。

松下公司品牌组合战略的内容

从公司创立之始，松下电器以其高品质的产品为松下公司塑造了一个值得信赖的主品牌形象。松下公司在这个主品牌的背景之下，针对不同的细分市场，又创立了不同的产品品牌，如：在美国市场上，创立了 Panasonic 品牌，强调富有朝气、极具革命精神的创新形象；在冰箱等产品上延用 National 品牌，维持其可信赖的、安定的稳重形象；针对高端消费群体，推出了 Technics 品牌，着重宣传其高科技的形象。

针对进一步的细分市场，松下公司设计富于创新的新产品副品牌，以副品牌的活泼形象吸引更多的消费者，例如音响产品中的"飞鸟"副品牌、洗衣机产品中的"涡潮""爱妻号"副品牌、电冰箱产品中的"花束"副品牌和彩电产品中的"画王"副品牌。

一方面，虽然副品牌的名称各异、个性不同，但是它们在进行广告宣传时都强调自己属于"松下"这一名声显赫的家族，借助"松下"的形象来促进销售；另一方面，各个副品牌的成功也进一步加强了"松下"这一主品牌的形象。

松下公司品牌组合战略成功实施的原因分析

（1）先行树立了强大的企业主品牌形象。Panasonic 产品以优质、稳定的表现，为松下公司赢得了强有力的企业品牌形象。这一形象的树立为组合品牌战略的实施奠定了坚实的基础。

（2）各副品牌产品均有较高的质量水平。实施品牌组合战略企业的各种产品在质量上不能有太大的差异，否则就会影响企业主品牌的高品质形象。在这一点上，松下公司做得比较好，各子品牌都继承了主品牌优质的传统。

（3）为不同的细分市场设计不同的品牌形象。不同的细分市场都有着独特的消费需求。针对这些差异化的需求，松下公司设计了不同的副品牌。各副品牌采用了不同的品牌档次和定价策略，从而实现了对不同细分市场的覆盖。

方法实施要点

不同的品牌战略适用于不同的企业。

（1）多品牌战略的适用企业。多品牌战略适用于以下几种类型的企业：采用多元化的发展战略、市场定位比较广阔、目标顾客类型多种多样的企业；产品线较广、产品种类较多且都针对不同的市场、产品的定价水平各不相同的企业；需要运用品牌数量挤占销售渠道的企业；对品牌的投入有充足的资源基础以及恰当的管理制度和政策的企业。

（2）单品牌战略的适用企业。单品牌战略适用于下属几类企业：市场定位比较明确，且有一定数量的、忠诚度高的消费者的企业；技术稳定、产品品质优良、在行业中地位稳固且处于领先位置的成熟企业；产品在行业中具有相当的市场占有率，其品牌在市场中的声誉较高，比较受消费者的欢迎，甚至能左右行情和价格的企业。

（3）品牌组合战略的适用企业。品牌组合战略适用的企业有如下几类：已塑造优良的形象，且在消费者心目中的地位已较为稳固的企业；产品准备进军不同档次的细分市场，或者是准备吸引偏好需求较大的消费群的企业；主品牌之外，仍有一些功能或特征需要副品牌进行诠释的企业；希望在利用基本功能之外，用"使用者形象"这种个性化的特征来吸引消费者的企业。

下篇

必读的经典营销书

一、《销售圣经》

◎简介

　　杰弗里·吉特默，当之无愧的销售天才。积极乐观且幽默的性格魅力与其 30 年来在销售领域的亲身经历，使得他成为一个智慧而富有人气的销售艺术大师。

　　尽管杰弗里·吉特默强调销售是一门严谨的科学而不是艺术，但他所极力宣扬的诚恳笃实的销售态度、机智灵活的应变方式、巧夺天工的语言技巧，无一不堪称销售世界的经典艺术。

　　1992 年，身为普利策奖得主和报纸出版人的马克·埃思里奇决定：支持他的好友杰弗里·吉特默在《夏洛特商报》上开设栏目《销售方略》，让他将自己新颖而有效的销售理论通过栏目进行推广。自此，杰弗里·吉特默在销售领域声名鹊起。《销售方略》专栏很快就被推广到达拉斯、亚特兰大、普林斯顿等著名商业城市，在规模宏大的销售队伍中掀起了争相学习的狂潮。

　　随着进一步的实践和总结，杰弗里·吉特莫在销售领域的造诣越加完备和深厚。他非凡的销售能力，使得可口可乐、西门子、希尔顿、先达等蜚声世界的国际公司也经常邀请他主持销售会议和演讲，对公司的员工进行有创意的项目培训。他所主持的专栏《销售方略》也在美国和欧洲的 85 家商业报纸同步登载，每周的读者达到 350 多万人。

　　依据自己 30 多年来在销售和销售咨询两方面积累的实践经验，杰弗里·吉特默从 1993 年 8 月开始昼夜奋战，策划出书。在几位朋友的帮助下，他在北卡罗莱纳的海滨山区和南卡罗莱纳的希尔顿海德岛各苦战一个星期，花了 700 多个小时完成这本营销学巨著——《销售圣经》。

这是一套全新的销售理论，它将指给你一条通向理想目标的正确路径，教会你如何拥有独特的创意、奇妙的思想和高超的技巧，使你免于碰壁，让你的销售能力迅速提高，赢得顾客的忠诚。

《销售圣经》诞生已经进入第二个十年，但它始终是每个销售人员必备的宝典，也是销售人员最应该拥有的书籍之一。精彩的案例分析、幽默的工作方式、细微的情景处理不断地影响和改变着管理、销售人员的职业观念，为千百万销售人员提高业绩立下了汗马功劳。

◎ 原书目录

规则、秘密、乐趣

准备好让潜在客户惊呼

请允许自我介绍

作一次精彩的产品介绍

决绝、成交和跟进……获得"是"

叹息和敌人

国王万岁：顾客

福音书

网络建立……通过协会获得成功

先知和利润

提高你的收入

我能否听到一声"阿门"

◎ 思想精华

著名销售大师杰弗里·吉特默的精华思想概括如下：

＊规则、秘密、乐趣。对于一个合格的销售人员，诚恳、

勤奋、自信、好学和容忍是最基本的秉性。突破自己身上的种种性格缺陷（自己给自己套上的精神枷锁），是做好销售工作的先决条件。把销售当作一门科学，培养自己专业的销售精神！

＊准备好让潜在客户惊呼。专而全的产品知识、精心的个人设计、自信的心理状态、机智的场景应变、对客户高度的洞察力、准确而有力度的语言，这些都能使你在庞大的销售人员队伍中脱颖而出。

＊请允许自我介绍。简明、扼要、强势、有趣地进行自我推荐。努力增加与顾客的信息互动。刺激潜在顾客的思考，获得顾客的信息反馈。谦恭、大方、委婉和幽默地进行陌生拜访。

＊作一次精彩的产品介绍。建立良好的互相信任的带有很强感情色彩的关系。

＊拒绝、成交和跟进……获得"是"。微笑着接受拒绝，洞察拒绝的真正原因。投其所好，对症下药，步步为营向成交靠近。灵活机智地应用销售工具。

＊叹息和敌人。以诚恳的态度稳中求胜，向顾客多维度地展示你是完全值得他信赖的人。在竞争对手面前，永远保持一颗冷静的心（不能中伤对手，要去了解他、警惕他）。

＊国王万岁：顾客。你必须用100％的服务精神服务于你的顾客（是具体的行动，比如你可以在1小时之内让顾客的投诉得到完美的答复）。如果你彻底征服了一个客户，那你就获得了一个不错的潜在顾客群。

＊福音书。销售会议上的精神补充、有效的销售信件、认真地倾听和观察，能使你获得意外的收获。

＊网络建立……通过协会获得成功。鼓起勇气，为自己拓展一个良好的关系网，它将成为你销售事业走向成功的助推器。

＊先知和利润。告诉你一个成功的销售行业领导者必须具备的素质（非凡的勇气、开放的思维、以身作则的作风等）。新型的销售人员，首先应该有专业而丰富的产品知识；其次是能

够帮助顾客有效地购买东西，而不是卖给顾客东西。

＊提高你的收入。努力转动自己身上的每一个"火力点"（态度、知识、目标、交际、洞察力、勇气和毅力），向更大的潜在顾客群发起"总攻"。

＊我能否听到一声"阿门"。抱有一颗平和的心。生活中不停地抱怨并不是我们所面临的真正困难。

◎核心内容

1. 规则、秘密、乐趣

⊙规则记

有一句古话叫做"一失足成千古恨"，这充分说明失败从开始就埋下了一粒恶劣的种子。同理可知，成功也是一样的。没有一个远离失败的开端，就必然不能有一个理想的结果。

如果你想成为销售行业中成功的典范，如果你想让自己的人生价值在销售领域中得到实现，就必须明白什么才是值得你真正遵循的法则。

（1）持之以恒，相信自己（积极、自信、坚持）。

（2）学而不倦，付诸实践（掌握全面的知识且学以致用）。

（3）察言观色，观其所需（倾听、观察，了解顾客所需）。

（4）万事俱备，才借东风（作了充分的准备，才去接触潜在顾客）。

（5）心之所诚，动之以情（以诚恳的心态去帮助顾客，而不是只为佣金和提成）。

（6）巧言妙语，趣味横生（好的谈话技巧，会有意想不到的收获）。

（7）力射全局，柳暗花明（关注有力度的问题，获得新的顾客信息）。

（8）一击千里，天道酬勤（顽强地跟进，是走向成交的关键）。

（9）一言既出，驷马难追（言出必行，提供完美的客户服务）。

（10）大将风范，众望所归（不中伤竞争对手，赢得顾客满意，因为他可以带来新的客源）。

⊙**秘密记**

美好的生活从美好的梦想开始，不敢想象和做梦的人是没有未来的。然而，只会梦想的人也注定会失败。在理想与现实之间，只有通过不懈地奋斗，去探索、去发现、去挣扎，才能找到那座神奇的桥梁，获得财富和荣誉。如果作为销售人员的你也这么认为，那么请谨记其中的奥妙。

（1）想你所想，必能成真（坚定的信心是成功的一半，写一份个人宣言并坚决执行）。

（2）你并不需要凡·高（法国杰出的印象派画家）般的天才（销售是一项完全可以通过学习掌握的本领）。

（3）把自己顾虑的不利因素都当作是懦弱的借口（去掉头脑中的精神枷锁，将注意力集中在问题的关键点上——停止你的抱怨，对顾客多做了解，直到获得答案）。

（4）明白顾客所需（诚恳的态度，良好的职业道德，优秀的产品，助人为乐的热情，尊重人格，兑现承诺）。

（5）寻找成交的热键（令顾客最为触动的关键点——需要你的观察和推理才能获得）。

（6）最好的销售不是产品和金钱的交易，而是信任和友谊。

（7）让顾客喜欢你（你的产品和人格），一个老顾客就代表着会有很多新顾客。

（8）"擒贼先擒王"，抓住核心人物（最好的销售方法从CEO开始，直接给他感兴趣的信息）。

⊙**乐趣记**

幽默是一种非常棒的生活习惯，是人与人之间的润滑剂，它可以使你在很多未知情况下避免被拒绝，少一些尴尬。

如果在销售过程中，你能让心存戒备的顾客笑逐颜开，那你就有能力让他们购买你的产品。

（1）开场的幽默能给大家营造一种愉快的气氛。

（2）注意对象和时机（不是每个人都喜欢笑声，应巧妙地插入）。

（3）避开顾客的忌讳（有人忌讳宗教或者政治话题）。

（4）幽默能把更多的问题变成成交的机会。如果你的幽默巧妙而得当，那么成交的机会会增加很多。

2. 准备好让潜在客户惊呼

⊙惊呼记

在浩浩荡荡的销售人员队伍中，你能否成功立足，能否赢得广大的顾客和荣誉，完全取决于你是否具备脱颖而出的能力。

（1）态度（积极、充分准备、守诺、诚恳）。

（2）性格（耐心、细心、勤快、开朗、大方、大胆、尽可能地幽默）。

（3）销售精神（顽强、创新、吸引力、技巧、学识、慧眼）。

只有逐项制订细致的计划，坚决贯彻于行动，才能促使自己的整体实力在同行中鹤立鸡群。

⊙问题记

提问，是你和顾客交流的关键。如果你处在较为被动的位置，一个有效的问题就象征着一次有利的转机。

（1）根据预想，事先设计问题、预备答案。

（2）问题应该是开放性的，类似两难推理（不能用"是"或"不是"回答，而是需要陈述）。

（3）循序渐进。

（4）问题需要有力度，简单明了（不能让顾客感到啰嗦和厌烦）。

（5）刺激顾客的思维转变（让他考虑接受新的事物）。

（6）激起顾客的回忆（没有会厌恶自己的听众，而且可以获得顾客更多的信息）。

（7）避免陈旧、俗套的问题（耳目一新的感觉更具吸引力）。

（8）向顾客的工作状况转移，逐渐切入正题。

得力的问题可以迅速地拉近与顾客之间的关系，从而察觉顾客的实际需求，为自己进一步的销售奠定良好的基础。还等什么？用你的心去销售吧！

⊙**力量记**

让顾客行动，你才能卖出你的东西。如果他觉察不到你的产品和服务具有出众、可信、明了、经济等优势，又怎么会有成交的兴趣呢？所以，你必须激励他、说服他。

（1）强调产品能给他们带来什么，而不是句句不离产品本身（如果你卖汽车，就强调它的尊贵、安全、舒适）。

（2）站在顾客使用的角度（这样才能给他们信心和踏实感）。

（3）一个有力的陈述（强调他们所需要的你都能给）。

影响和引导顾客的思维倾向，设计有力的提问，你就会有一种无形的力量，进而留住顾客。

3. 请允许自我介绍

⊙**拜访记**

自我介绍的实质就是推销自己。聪明地向别人推销自己，发布自己的信息，可以给自己带来一个广阔的演绎天地（销售人员最为需要）。

（1）他人介绍，首次见面。简明扼要地告诉他（或她）你是谁、在哪里工作、做什么（但这个过程需要有创意）。

你给他的问题，不能只用"是"或"不是"回答，还要用探究性的问题刺激他的思考，从而获得一些他的信息。

弄清他的需要之前，不必暴露自己的真实意图。

展示你的干练、果断等优点（第一印象尤为重要）。

（2）自我引荐。完成一张出色的自我推荐表（要求简短扼要、富有创意、了解对方信息、引发对方思考、展示优势），需要 25 次以上的实际运用。

恰当的递送方法。

稳步推进与顾客的关系（巧妙地联系和跟进、设计单独的会见等）。

如果有一个介绍人，你与潜在顾客的沟通会更加有效。

（3）陌生拜访。只有学会绕过障碍（某些场合标示的"谢绝推销"、进入大楼时保安的阻止等情况）才能离目标更近一些。

找到决策者（只有这样，才能使你的销售工作切入正题）。

开场白非常重要（让大家在轻松中开始，但你的问题必须有力度）。

对自己强调拜访只是为了享受乐趣（让自己不附带任何压力，有置之死地而后生的感觉）。

委婉地让对方意识到你可以帮助他做些什么（任务真正开始）。

4. 作一次精彩的产品介绍

⊙ 介绍记

销售人员们简单而机械地复述，是一种很差劲的介绍方式。试想，如果有两个人，一个是你信赖的朋友而另一个是陌生人，他们分别给你阐述同一件事情，你的理解和好心情会更倾向于哪一个呢？当然是前者。相同的道理，在潜在顾客之间加上友谊的色彩，会给你的介绍增添更多的方便和趣味。

（1）幽默的开始（这不是每一个人都能天生拥有的资质，所以应该慎用或者因人而异）。

（2）人们都有喜欢谈论自己的偏好，所以你必须注意倾听（察言观色，这样才有可能拉近你与顾客的关系）。

（3）让顾客感觉到你对他很了解（这完全取决于你先前的

准备)。

(4) 态度要友好、真诚，找寻大家共同喜好的话题，避免销售台词(给顾客制造一个乐于谈话的心情)。

除此之外，让消费者拥有信心(对自己、对销售人员、对产品等)才是迈向成交至关重要的一步棋。请你注意以下几点：

(1) 要让顾客对你很有信心，首先是给自己十足的信心(对自己、对产品)。

(2) 清楚地回答潜在顾客的每一个问题(关于产品的、公司的)，显示你过硬的专业素养。

(3) 举出一个对自己满意的老顾客的名字(潜在顾客所熟悉的)或者其他的第三方(满意顾客的名单)为证。

(4) 不中伤或者贬低竞争对手(这点可以显示你的职业道德水准)。

(5) 沉着，稳重(谁都不喜欢毛毛躁躁的人)。

(6) 完备的书面材料(这样显得比较专业和正式)。

(7) 关注顾客的顾虑，让他感觉你是在帮他，并不是看中了他兜里的钞票。

(8) 留一点重头戏在后面(这在顾客最矛盾的时刻显得尤为管用)。

如果你的销售对象是一个团体，则应附加几点：

(1) 扩大交流面(尽量多认识在场的人)。

(2) 事先掌握这个团体的基本情况(包括它的历史、成员和最大的优势、劣势等)。

(3) 突击核心人物(只有与权力人物沟通，才有实际性的效果)。

(4) 创造互动(给他们主人翁的感觉)。

(5) 动用智能化的辅助工具(不能否认，电脑的演示比你的说辞更为有效)。

(6) 整体的会场气氛尤为重要(激发顾客团队里的活跃因

素）。事实证明，一个好的开始就是成功的一半。

5. 拒绝、成交和跟进……获得"是"

⊙**拒绝记**

人跟人之间以及物与物之间的差别，决定了世界上没有100％的默契。并不是你想要的就是我能给的，也不是我想买的价格恰是你想卖的价格，所以拒绝和讨价还价是不可避免的。作为推销自己产品的销售人员，被拒绝的情况丝毫不能幸免。但作出积极的预防未必不是一件好事。

（1）预测每一个客户可能的拒绝，设计对应的答案。

（2）准备有一定吸引力的辅助工具支持你。

（3）与伙伴交流经验，事先演练。

（4）争取一个老顾客的有力推荐。

（5）在最大可能范围内，给顾客一个试验的机会。

然而，当你精心地准备和满腔激动地说辞依然在顾客那里碰壁时，你又该如何度过此关、化险为夷呢？

（1）事实上，真正的拒绝很少，每一个拒绝的背后都有顾客们自己的原因。

（2）保持镇定，他可能只是拒绝你的说辞，并不是真正拒绝你和你的产品。

（3）通过初步的交流捕捉顾客拒绝的真正原因，如同医生给病人看病要找出病源一样。

（4）反思自己是否在哪个环节出了错（没有自信、缺少专业化知识、缺乏可靠的辅助工具等）。

（5）找出顾客顾虑的实际问题，并努力帮助他解决。

（6）如果你的产品他真的需要，那就向他证明选择这个产品是没错的（说服他忘掉价格、作同类对比）。

（7）向他提出假设成交的有关问题，并进一步解决。

（8）交易成功后，给顾客一个足以让他信赖的承诺（书面材料，留下公司电话和你的个人电话，征询送货时间、地点和要求)。

虽然此类技巧会在适当的时候助你一臂之力，但销售的最高境界其实就是没有技巧。敞开心胸，就当顾客只是生活中认识、结交的新朋友，通过建立良好的信任关系来人性化地达成生意。

⊙ **成交记**

大多数事情发生之前都会有一种征兆，销售也不例外。走向成交的第一步，就是销售人员要学会识别顾客的购买信息。

(1) 如果顾客问及货物的问题(有无新货、交货方式等)，你就要注意顾客是需要这个东西的。

(2) 如果涉及到产品的价格问题，就证明顾客正在考虑自己的经济承受能力。

(3) 如果提及公司和你的个人问题，就表明他还没有对你完全信任。

(4) 如果问及产品的专业特性或者质量问题，请注意，你述说的态度一定要客观(几乎没有一件产品可以说是完美的)。

(5) 如果是询问以前的销售情况和老顾客的反应，你就得机智地向他证明(比如，老顾客的来信)你的产品不错。

(6) 如果与你聊起关于售后服务的话题，你就应该知道他需要一个可靠的承诺。

注意：自然地将销售目的贯穿于谈话之中，不能太过明显，否则顾客会认为你不实在。

⊙ **跟进记**

如同一场战争的末期，如果没有尾随追击，你就不能大获全胜。销售人员如果没有一套有组织的跟进系统，就无法做成一笔生意。

(1) 确定顾客的信息(设置联系方式、备忘录)。

(2) 设计自己的跟进方式(信件、下次拜访、熟人推荐等)和跟进工具等。

(3) 创造机会，邀请潜在顾客参观你的公司或者一起参加音乐会等。

（4）适可而止，以免贴得太紧，使他心生厌烦。

（5）利用一些与顾客有关的东西，提高你在他的视线里出现的频率（送给他一些有用的资料，请他参加一个很有意义的商务活动等）。

（6）如果是电话或者信件联系，需懂得给对方设置一点小悬念（给他说一个他感兴趣的问题，但是保留重点）。

记住：在这个过程中离不开的，是你的大胆、耐心和坚持。

6. 叹息和敌人

⊙悲叹记

市场瞬息万变，指的就是市场的不确定性。销售作为一种经济手段，同样也必须面对顾客的不确定性。如何应付这种不确定性呢？这就要求销售人员必须拥有足够的冷静和客观。否则，就像很多自以为是的销售人员在销售过程中实际上一窍不通一样。

（1）没有事先的精心计划，随意进行销售活动。

（2）懒惰、没有强烈的意愿和对销售成功的渴望，也没有掌握全面的产品知识。

（3）一旦受到顾客的冷落或者拒绝就不知所措，不能随机应变。

（4）缺乏积极的态度和忍耐力，以为销售只是一个瞬间的交易动作。

（5）呆板和冷漠，使得顾客与之无法轻松相处。

（6）关键时刻不愿接受他人帮助，让自己孤立无援。

（7）错置顾客的位置，以为自己是绝对的被动者，把销售当作是对顾客的祈求。

（8）急于求成，只想赶紧做成一笔生意，使得顾客心生疑虑。

（9）隐瞒或者欺骗顾客，提供不能满足对方需求的产品。

（10）轻浮的态度使顾客觉得得不到应有的尊重。

（11）缺乏为顾客服务的真诚，脑袋中只琢磨着提成和佣金。

（12）以为偶尔的送货迟到或服务粗心是可以原谅的。

如果是因为你没有尽力或者粗心大意而造成自己销售的失败，那么你必须为此付出代价和承担责任。

⊙ **竞争记**

市场是有限的，所以竞争是必须的、激烈的。要在市场上保住自己的地盘，唯一的方式就是在激烈的竞争中胜过自己的竞争对手。即使共存，竞争也不能避免。这就是市场的残酷性。

（1）比较自己与竞争对手在市场中的实力和地位，客观分析各自的优劣势。

（2）弄清自己与竞争对手的生意对象有无现存冲突，是他销售的触角伸到了你的客户跟前，还是你销售的触角伸到了他的客户跟前。

（3）如果你是销售领导，则要提防对手挖走自己的员工。

（4）掌握对手的销售状况和基本的信息（对员工的要求、产品价格、销售目标等）。

（5）时刻关注对手，学习他们的优势，突击他们的劣势。

（6）尊重对手，保持良好的职业道德和专业素养，培养自己的软实力。

良性的竞争，是学习、是全力以赴，是在某一件事情上比别人做得更好，是促使大家共同进步的一种强大动力，而不是斗争、诋毁和消灭。

7. 国王万岁：顾客

⊙ **客服记**

尽管你已经成功地做成了一笔生意，但是请不要得意忘形——某种程度上说，一件产品的售后服务比一件产品本身的商业价值更大。现代人更多讲究的是享受你优良的服务，而不只是产品的卓越性能。

有调查显示，顾客的愤愤不平更多的是因为他们的权益得不到销售人员的真诚维护。比如说：在销售产品的过程中，销售人员对顾客有欺骗或者隐瞒的行为；对顾客的质疑和不满有置之不理的行为；销售人员有时不能信守承诺。

要知道，一个满意的顾客所做的正面宣传只不过是一个愤怒的顾客所做的负面宣传的 1/20 左右。所以，为了你的销售业绩保持良好的势头，你必须掌握完美的客服秘诀。

（1）如果你是销售公司的领导，那你必须为客户服务设立专项费用。

（2）如果你是销售公司的领导，就必须对你的员工进行良好的培训和激励。

（3）如果你们是销售团队，必须各负其责，不能推卸责任。

（4）如果想完美地解决问题，必须事先设想可能发生的各种情况，及早预想答案。

（5）记住，客户服务的起点定为 100% 满意度。

（6）认真倾听，必须理解顾客面临的真正问题。

（7）关注你的竞争对手，看看他们是怎么做的。

（8）微笑着接受顾客投诉，不能抱怨。

（9）寻找一种轻松的谈话方式，让顾客的心情保持放松。

（10）提高你的反应速度，如果顾客有所投诉，他希望的是现在就得到答案，而不是明天或后天。

（11）问题解决以后，要继续跟进你的顾客，确保类似问题不会再次发生。

（12）凡是事先说过的，你一律要做到，不能食言。

尽管每一个行业中公司的产品和服务领域不同，但敬业、守诺、诚恳的销售精神对所有的销售人员来说都是必须具备的。如果你没有能力使一位不满的顾客变得满意，那就是说顾客正在迅速地流到你的竞争对手那里去。接下来，粗心大意的你面对的将是市场的丧失和失业。

8. 福音书

⊙沟通记

（1）销售人员会议。公司的销售目标是和销售人员的实际工作息息相关的，连接它们的最好方式就是举行销售人员会议。公司可以利用销售人员会议更好地激励和充实员工，从而更好地实现销售目标。销售人员可以在销售人员会议上受益多多：

员工可以互相沟通、分享信息、积累经验。

解决关于产品专业知识方面的一些问题，以更好地服务于顾客。

接受公司的进一步专业培训，掌握更多的销售策略。

获得公司提供的更多机会。

给你一个愉快的心情，增强下一步销售产品时的自信。

值得注意的是，销售会议的现场气氛应该是轻松的、自由的、时间得当的（会议放在早晨，时间不能太长）。

（2）倾听和观察。倾听，是许多专业的销售人员最欠缺的基本功。他们只顾着思考如何将自己的产品送到顾客的怀中，而忘记了整理顾客反馈的信息。

倾听能够避免因为自己的主观判断而说错话。

倾听可以获得你并未掌握的资料（顾客的），所以不要轻易打断对方说话。

细心的观察，可以捕捉到顾客的基本类型：快速浏览顾客的办公室环境；注意顾客细微的表情，但不能让对方发现；记住他的言语特点（比如，喜欢询问，或是喜欢述说）。

倾听和观察的主要目的是尽力地去理解顾客，了解顾客的心理状态。

⊙展览记

各式各样的大型销售会——全行业的盛会，不是天天都可以看到的。到会的人们如果没有某种需求，谁也不会浪费自己宝贵的工作时间。与会者中既包含着和你有过生意来往的老顾客，也隐藏着许多你的潜在顾客，所以你的举动必须行之有效，没有时间可以让你坐在茶桌前猜测和浪费。

首先要明白这是你的销售生涯中难得的中奖机会，你必须提早有一个精心的准备。在会场上，每一步必须做什么，一定要有条理地记在心里。

恰当安排自己的生活，拉近与主流社会层的距离。这样，了解他们的机会就会更多。比如，和他们住在同一个档次和类型的酒店，在同一个餐区进餐等。

摸清活动的基本内容，这样才不会打断自己事先的计划。

如果你的公司是以参展团队的形式出现，那么你和你的同事必须各司其职。紧密的合作是凝聚你们销售能力的唯一有效方式。

留意任何一个机会，将你的推销巧妙地渗透在你的言语之中（不是说销售员的用语），随时准备谈成一笔生意。

表现出你的干练和坚决。谁也不会喜欢和一个木讷、迟钝的人握手成交。

把握尺度。任何事情都不能过于张扬，那样别人会觉得你是有意在吸引人们的注意，他们以为你不够沉着和可靠。

尽量扩大你的接触面，用你的职业眼光对到会者进行客观的过滤（弄清潜在顾客的真正需求）。毕竟你的销售是针对一些重点对象的，而不能撒一张大网来妄想捕住所有的鱼——你得选择更有可能成为自己顾客的。当然，可以与其他人成为朋友，因为这对你没有丝毫坏处。

会后，设计跟进方案（围绕着跟进方式、一举多得的提问、辅助的销售工具、如何见面等方面展开）。

所有的步骤都要求你有足够的细心和勤快的态度。

9. 网络建立……通过协会获得成功

⊙搭网记

归根到底，没有销售，就没有购买；没有购买，就不会有商品和市场的存在。

良好的销售应该是极其主动的，搭建一个宽广、长久、稳定的顾客群，对于一个销售人员来说无疑是非常重要的。通过下面的途径，可以给你搭建一个足以促进你销售事业的网络。

（1）只有在你想增加销售量、想扩展商业联系、想从他人处学到更多的商业知识、想成为一个活跃而富裕的人的时候，你才能拥有更多的销售机会。

（2）调整出充分的精力，经常参加一些适合自己的活动（商会、公益活动等），并且在人群中明智地表现自己。

（3）事前作好足够的准备，不能迟到。

（4）向众人展示一个积极、乐观、热情、礼貌的你。没有人爱听一些抱怨和懊恼的话，欢欢喜喜的人可以带给别人轻松舒畅的心情。

（5）在会场上时刻保持头脑的清醒，不能因为一些无关紧要的消遣而忘记了自己的使命，尤其是不能在这个关键时候喝酒。

（6）如果直觉告诉你，他是一个潜在的顾客，你一定要在销售之外找到他感兴趣的方面，而且要铭记，然后试图与他建立一些可行的联系。

（7）用你心灵的眼睛去搜索任何对你可能有用的信息，并且及时跟进处理。

（8）不要开口就是与你的产品销售有关的说辞，那样会引起众人的厌烦。

（9）不要奢望每一个熟悉的人都会和你做成生意，但是他可能会给你带来生意。

（10）不是说你认识了很多人，就等于你已经拥有一个庞大的潜在顾客群，你要让很多人都认识你，并且对你有着较深的良好印象。

（11）给自己制造一些意外的收获，比如，经常在晚饭后去公园里走动，或者乘电梯的时候和某些有潜力的人（也许就是潜在顾客）搭话等。

扩大自己的潜在顾客范围，就能给自己创造更多销售的机会，也能给自己增加走向成功的可能性。

10. 先知和利润

⊙领导记

一个不想当将军的士兵不是好士兵。同样，一个销售员如果不想做"世界上最棒的销售员"，那他就不是一个优秀的销售员。当然，要成为一个销售行业的领导者，不仅仅要靠苦思冥想，它还需要有独立而富有魅力的性格和付出切实、高效的行动。

普通职员和领导者最基本的区别：前者只需严格律己和充分激发自己的各种能力；而后者除激励自己之外，还要以行动给自己的员工提供导向（态度、专业知识、激情等）。

增强勇气和胆量。乔治·巴顿曾经说："我从来不会让恐惧影响我的判断。"可见，畏畏缩缩和保守，是一个人成为领袖最大的障碍。销售人员就好比是在战斗的士兵，他们不可能只待在自己熟悉的战场上作战，勇气和胆量可以促使他们尽快地适应各种战斗。尤其对一个决策者来说，这更加重要。

以身作则，同甘共苦。你只有与自己的员工共同营造有趣的工作环境，共同分享经验和技巧，共同处理顾客的棘手问题，才可能使你的销售队伍成为一个优秀的团队，你的领导能力才能不断加强。

⊙趋势记

传统销售人员无非是通过一系列的销售技巧而促成一种商品交易。这在人们越发聪明和警惕的现在，已经显得有些过时。那么，怎样的方式才是有效的呢？

具备丰富而且深入的产品知识，积累充足的解决顾客问题的实际经验。用事实说话，胜过1000句巧妙的推荐。

不要存在隐瞒或欺骗顾客的侥幸心理，拿出你的真诚，乐于帮助他，使顾客不再觉得你只是想一味地从他身上索取。

将与顾客的关系处理得很融洽。如果你的产品和服务使他满意，那就可能使他的朋友们也很满意。这源于一个顾客最主要的力量，也就是口碑的力量。

话有三说，巧者为妙。在与顾客的交往中，学会不要使自己的语言充斥着浓烈的商业意味，而是委婉一些。比如说"难道您不乐意拥有一个能帮助您的礼物吗"这样的说法肯定胜于"您难道不想买"。任何人都想听让人感觉舒服的话。你能对顾客的这种心理视若无睹吗？

如果可能的话，请尽量显示出你的幽默，因为有趣的谈话是最富有感染力的。

你想取得销售业绩的胜利吗？那就请进行充分的准备，在那些自以为是的家伙（同行）面前，打几场漂亮的胜仗，做一个新一代出色的销售人员。

11. 提高你的收入

⊙数字记

人类的生理构成决定了人们的身体和精神既具有很好的弹性，同时也存在着先天的弱点（比如，懒惰和侥幸心理）。如果你想有一份理想的销售成绩摆在自己的面前，你就必须克服这些坏事的弱点，努力做到以下几点：

（1）比较自己每月的销售业绩和自己理想的目标，差距可以给自己足够的压力。

（2）态度是一个成功人士的关键，经常反思自己：是否真正尽力，是否对自己的顾客有100％的诚恳，顾客是否感受得到。

（3）出色的销售应该建立在与顾客良好的感情和互相信任的基础之上。你要明白，你是在用一种专业的眼光帮助顾客购买东西，而不是在向顾客卖东西。

（4）如果你没有一个广阔的顾客群，那么对于一些潜在顾客经常聚会的场合或活动（行业协会、商会、俱乐部之类），你还是应该多多光临。

（5）在任何一个存在潜在顾客的环境中，你都必须让自己给别人留下一个深刻的印象，你的言行举止最好都能给他们以思考。

（6）你所掌握的专业知识必须足够精辟和全面，对于顾客的任何一个问题，你必须都能够给出让顾客满意的解释。

（7）在与顾客的谈话切入正题之前，你必须已经对他的各方面的信息掌握透彻，因为这关系到你们的谈话会朝哪个方向发展（良好或者糟糕）。

（8）对于还没有成交的顾客来说，你顽强的跟进和聪明的纠缠才是最终成交的关键。

（9）你必须时刻清楚自己的销售正处在哪一个环节，这样才能确定你下一步怎样做才是最正确的。

（10）时刻保持一种专业的洞察力，说不定刚刚与你擦肩而过的人就是你的后备客源。

如果你在进行销售工作的过程中，能够非常好地做到上面这些，那么，请记住，一个很棒的良性循环才刚刚开始。

12. 我能否听到一声"阿门"

⊙出埃及记

停止你的抱怨，给自己一颗很平和的心。想那些可以使你微笑的人或事情，放弃偏见，先去试着和潜在顾客们成为朋友，这才是成交的前提条件。

学会给自己的大脑放假。最好的办法就是在前一天晚上休息的时候，将自己的目标和需要完成的事情清楚地罗列出来，以此释放大脑中的一切压力。轻松的睡眠之后，一个思维清晰而又有条理的大脑会帮助你出色地完成任务。

感谢。每个人都应该心存感激——对帮助你的人以及启迪你的人以及和你做生意的人。

二、《销售巨人》

◎简介

"收场白之父" J. 道格拉斯·爱德华曾经说道：成功的销售人员在他尝试 5 次的基础上才会说出收场白，并且收场白技巧应用得越多，他就越会成功。

但是他没有想到有人会提出并且证实收场白技巧在大订单销售中无用武之地的观点。这个与前者迥然不同的观点由全球权威的销售咨询、培训和研究机构——Huthwaite 公司的创始人兼首任总裁尼尔·雷克汉姆提出，并被推广。

尼尔·雷克汉姆成功开发的新型销售理论——SPIN 销售模式，不仅颠覆了这个观点，而且对于大订单销售会谈的整个环节，他带领同事都作了全新的阐述。

SPIN 销售模式是尼尔·雷克汉姆与他的同事花了 10 年的工夫、对 35000 个销售过程进行分析、研究了 27 家知名公司及116 个可以对销售行为产生影响的因素才得来的，可谓工程浩大。不过，正因为他们这种辛勤开垦销售新天地的姿态，SPIN销售模式才受到越来越多的大公司的青睐，由此奠定了尼尔·雷克汉姆在全球销售研究领域的泰斗地位。

SPIN 销售模式对于一个销售人员来说，实用性是其最大优点之一。它并非是单纯的理论研究，它所包含的每一步都渗透了大量事实作为读者领会的依据。

《销售巨人》一书由麦格劳—希尔教育出版集团出版。该书的核心内容是 SPIN Selling 的 4 大类型问题，其他部分则紧紧围绕着这种提问模式一层层展开。从如何接触客户、怎样向客户提问及如何开发客户需求一直到销售会谈收场，它都作了全方位的解释和说明。总体上说，SPIN 就是一种促成大订单销售的有力工具。

对于从事大订单销售的经理及广大销售人员来说，这已经是一项足以决定销售生涯成败的专业技能，因此必须掌握。

到目前为止，世界上许多知名高校都已设有该理论的课程。在全球 500 强企业中也至少有一半将该书作为它们销售人员必读的指导书籍。

◎原书目录

销售行为和成功销售

晋级承诺和收场白技巧

大订单中的客户需求调查

SPIN 的提问模式

大订单销售中的能力证实

能力证实中的异议防范

初步接触

理论转化为实践

SPIN 有效性的评估

运用的态度倾向

实践手册的使用说明

重温 SPIN 的模式

自我测试

销售会谈的 4 个阶段

SPIN 发挥效力的基石

注重买方的需求

背景问题

难点问题

暗示问题

需求—效益问题

能力证实

SPIN 技能锐化

己欲施人

◎思想精华

当传统销售模式和方法在越来越多的大订单销售中毫无用武之地时，SPIN 销售模式诞生了。它的出现彻底地改变了销售本身、销售管理及销售培训等 3 个相互关联的领域，其生命力不容小视。它的创立者尼尔·雷克汉姆在《销售巨人》一书中对此作了详细讨论。

＊销售行为和成功销售。通过实践观察引出影响成功销售的根本因素——SPIN（它是一种向客户提问的技巧和开发潜在客户需求的工具，主要特点是非常适用于大订单销售）模式。它对传统针对小订单的销售技巧给予一定的客观批判。

＊晋级承诺和收场白技巧。作者打破了以往销售研究的环节、顺序，并没有简单地从接触客户、跟进等环节入手，而是拣了销售的末尾阶段作为研究的入口。因此，这节内容不容读者小视。

＊大订单中的客户需求调查。任何一笔销售，最基础的工作就是先期的客户调查。大订单销售亦不例外，且与小订单销售中的客户需求调查存在一定区别。

＊SPIN 的提问模式。SPIN 主要讲述用来开发客户需求的 4 种提问模式，即背景问题提问、难点问题提问、暗示问题提问和需求问题提问。

＊大订单销售中的能力证实。以 Huthwaite 公司的实际销售情况为例，分析能力证实阶段在整个销售过程中发挥的重要作用和容易存在的问题。

＊能力证实中的异议防范。基于上一章的内容，阐述作者对客户异议与众不同的观点：异议处理固然重要，但更重要的是销售人员对异议的防范，这才是能力证实中的明智之举。

＊初步接触。仅仅这一步，大订单销售和小订单销售的不同之处就显露无遗。面对大笔订单，销售人员完全不必大张旗鼓地应用那些接触技巧，因为这步并非大家想象的那么重要。

＊理论转化为实践。再好的销售研究成果也必须圆满地转化为实际操作。只有这样，它才能对你的销售产生实际的指导意义。

＊SPIN 有效性的评估。这章内容可以帮助许多销售主管走出一个误区——销售额的增长意味着 SPIN 有效性的发挥。这个错误观点，忽略了影响销售额的其他市场因素，譬如，竞争对手的退出、新产品的引进等因素。

＊运用的态度倾向。其目的在于通过测试告诉广大销售人员，只有你所从事的订单销售类型才是决定收场白技巧有效性的关键因素。

＊实践手册的使用说明。如果前面章节是战略分析，从这章开始将是进行布置和实战。

＊重温 SPIN 的模式。对于 SPIN 模式，不但要了解它的起源和 4 种提问类型的内涵，还必须掌握它在实际应用中技巧的灵活性。

＊自我测试。通过测试考查销售人员对 SPIN 模式的理解程度，有助于加强他们对 SPIN 精华的吸收。

＊销售会谈的 4 个阶段。分别讲解销售会谈中 4 个阶段的具体步骤，并对它们在整个销售过程中的作用加以明晰。

＊SPIN 发挥效力的基石。客观分析 SPIN 模式在实际应用中的优势和劣势，并指出正确实现 SPIN 模式最关键的一步——成功的策划。

＊注重买方的需求。重点强调销售人员如何辨识客户购买

的信号和问题，并鼓励销售人员在大订单销售中积极开发和揭示客户的明确需求。

＊背景问题。这是 SIPN 模式实质性内容的开始。提问背景问题的关键在于销售人员与买方约见之前的准备和揭示客户难题（客户真正遇到了什么样的问题）的能力。

＊难点问题。这个提问方向，主要将理解和开发客户难题或隐含需求作为与客户交谈的核心。

＊暗示问题。它主张销售人员在与客户交谈中强化客户难题的紧迫程度，从而使买方意识向购买靠近或转化。值得注意的是，你若不能将它合理应用，效果将是反面的。

＊需求—效益问题。这一点在传统销售中也是极为重要的。它的主要目的是突出销售人员所提供的产品或服务的价值和吸引力，激发客户更强的购买意识。

＊能力证实。它会告诉你能力证实的方法和实际应用中的具体步骤，且同样强调在临阵时候灵活性也是关键。

＊SPIN 技能锐化。这里提供了可以使你的 SPIN 技能提高的 3 大要素：以买方立场为出发点，重视策划，定期自我检查。

＊己欲施人。向销售人员介绍除 SPIN 模式之外有利于增强销售技能的途径，正所谓"集思广益"。

◎核心内容

1. 销售行为和成功销售

传统销售模式在指导大多数企业获取利润的同时，也将其隐藏的缺陷慢慢暴露出来。作者在开篇交代的某著名公司的销售困境就证明了这一点。尽管这个公司的销售副总裁极力否认作者通过调查和研究得来的初步结果，但这至少证明传统销售模式对企业进一步发展已产生束缚。

⊙传统销售模式

本书主要讨论销售人员面临大订单销售时，怎样做才能走出开篇提到的那个公司的困境。要了解传统销售方式为什么在这个问题上遭受失败，首先得弄清传统销售的步骤。

（1）与客户初步接触。其目的是寻找可以和客户发生利益关系的途径，以利益诱惑促成交易。可惜，这个方法只适合小订单销售。

（2）向客户提问。这是传统销售最讲究的技巧重点，它实际操作的前提是仔细观察。

（3）利益宣讲。其本质是以特点为客户创造价值，但在大订单销售的实际应用中，这一点完全失效。

（4）异议处理。在小订单销售中，因为涉及利益不大，还勉强可以运用一些技巧进行修正和遮掩。但在大订单销售中，亡羊补牢的办法根本无济于事。

（5）收场白技巧。在大订单销售中，客户面对着大额支出所要承担的风险。如果你不改弦更张，这些技巧只能使你错失良机。

总之，要做小生意，这些传统销售技巧还能发挥作用；倘若面对大订单销售，那只能另寻高明模式。

⊙大订单销售和小订单销售的比较

传统销售模式为何只能适用于小订单销售而不能促成大订单交易的成功呢？了解这个问题，必须先得从两者的差异入手。

（1）大订单销售和小订单销售的特点差异。大订单销售往往要耗去大量时间，且客户心理在这段时间内波动幅度很大；再者，大订单的决策者和参与者并非同一些人。相反地小订单销售不会这样。

（2）两者销售技巧有差异。大订单销售需要让客户能够完全感觉到其购买价值。而在小订单销售中，客户并非把利益看得最重，因此，各式各样的技巧都可能起到作用。

（3）两者关系准则差异。小订单销售往往是一锤子的买卖，销售人员与客户的关系不是特别重要。但在大订单销售中，销售人员与客户的关系非常重要。

(4) 两者决策失误风险差异。在小订单销售中，就算购买失误，客户也不会太在意；然而在大订单销售中，客户会步步留心、处处在意。

因为两种规模交易所负载的价值不同，所以销售人员必须随着客户态度的转变而改变销售技巧。

⊙ **销售 4 步**

尽管大订单销售和小订单销售各个方面都存在差异，但二者在客观上都遵循以下 4 个步骤：

(1) 初步接触。这是销售的开始阶段，销售人员正在寻找发生利益关系的途径。

(2) 需求调查。这是真正的准备阶段，主要为了确定和验证客户。

(3) 能力证实。这是走向实质交易的第一步，目的是通过展现销售人员的能力，获取客户信任和对产品或服务的满意。

(4) 晋级承诺。这是交易最关键的一步。如果你能获取客户当场承诺或一系列的认可，那么就说明你销售成功。

这是任何销售普遍经历的 4 个会谈阶段，各个阶段在整个会谈过程中有着不可替代的作用。当然，在实际销售中，具体每一步都要根据生意性质而作出相应的延伸或改变。

在这 4 步里，应用最广泛的技巧在于销售人员如何向客户提问。对于大订单销售来说，交易成功与否与销售人员所提问题的开放或封闭几乎无关。经过大量事实证明和学者们的研究，最终有一种全新的提问方式被开发出来——SPIN 提问技巧。

它的核心是"SPIN"提问顺序。如果你想销售成功，那么你向客户提出的所有问题都必须遵循这一顺序：背景问题（任务是揭示客户难题）——难点问题（任务是理解和开发客户难题或隐含需求）——暗示问题（任务是强化客户难题的紧迫程度）——需求—效益问题（任务是以价值为吸引力，激发客户潜在购买欲望)。

本章主要目的是向广大读者引出 SPIN 销售模式。

2. 晋级承诺和收场白技巧

传统销售对收场白技巧的重视程度,在很多专业书籍的长篇大论中,你都可以获得答案。各式各样的标准技巧,听起来好像益处都非常大,但真正在大订单销售中创造价值的能有多少,就不得而知了。

⊙收场白及现有研究成果

这一小节主要向读者介绍了收场白的定义。它是作者在传统观念的基础上完善而来的:收场白是销售人员使用的一种行为方式,旨在暗示和恳求一个购买承诺,以便于买方在下一个陈述中接受或拒绝这个承诺。

作为一个销售人员,只有掌握多种收场白技巧并在订单销售过程中经常使用,才可能向交易成功一步一步地靠近。

⊙收场白的研究

尽管我们强调收场白技巧在整个订单销售中都曾起到良好的作用,但我们不得不承认一个事实——在大订单销售的过程中,收场白技巧将会让你丧失越来越多的生意。至于为何,请看以下原因:

大量事例考察证明这一点。作者针对 190 笔生意的销售过程进行研究,发现频繁使用收场白的销售的成功概率比收场白使用率低的销售的成功概率低了许多。

传统销售可能夸大了收场白的作用,因为促使销售业绩提高的也可能是其他方面的原因。

很多研究公司只是将研究对象定为小订单销售和低值产品销售时,才得出"收场白可以大大提高销售额"的结论。事实上,收场白还能导致大订单销售和高值产品销售的成交概率的降低。

⊙收场白与客户的精明程度

除了价格因素，还有没有其他因素会对"收场白随着决策规模的增加而逐渐失效"这一结论产生影响呢？

经过大量的跟踪调查，研究人员发现：销售人员面对的客户越是精明，收场白技巧往往越是苍白无力。尤其是许多专业采购人员、代理商及资深决策人等类型的客户，你越是向他们施展收场白技巧，生意越失败。

这一点，值得销售人员谨记！

⊙收场白与售后服务的满意程度

大订单销售不仅指一次性大的规模，而且还包含长远、持续的生意（这次买了，下次还在这里买）。

下面这个调查旨在说明收场白与客户对售后服务的满意程度之间的关系，实质就是收场白技巧对"回头生意"有何影响。

调查者——某零售连锁店的培训主管及其同事。调查对象——145名顾客。调查方法—确定顾客对已经购买货物的满意程度，评估他们再来此地购买的可能性，调查结果以10为单位。调查结果如图1—4所示。

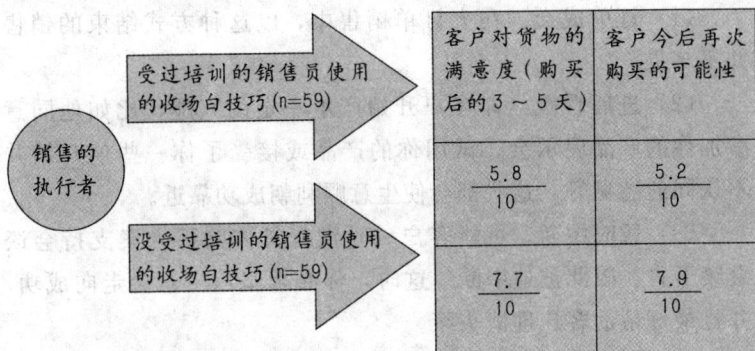

销售的执行者		客户对货物的满意度（购买后的3～5天）	客户今后再次购买的可能性
	受过培训的销售员使用的收场白技巧(n=59)	$\frac{5.8}{10}$	$\frac{5.2}{10}$
	没受过培训的销售员使用的收场白技巧(n=59)	$\frac{7.7}{10}$	$\frac{7.9}{10}$

图1—4　收场白与客户满意度之间的关系

图1—4显示，在这两个问题上，接受过收场白培训的销售人员获得的客户满意度都比较低。作者认为，导致这种结果出

现的最大可能就是销售人员曾通过施展收场白技巧来给顾客造成一定压力，从而推动他们购买。尽管目前还不能完全确定事实就是这样，但这仍然值得销售人员借鉴。

⊙收场白技巧的研究结论

针对收场白技巧，作者经过长时间跨行业的研究，最终得出以下 3 点结论：对于大订单的销售，收场白技巧有害无益；传统工业用品行业，收场白技巧应用泛滥；而小商品和服务行业，收场白技巧还很缺乏。

⊙销售拜访目标的分解

怎样的收场白才算应用成功呢？我们必须分情况讨论：小订单销售中，显然拿到订单就是成功，没有拿到就是不成功。然而在大订单销售中，判断标准则并非如此简单、明确。在大多数大订单销售中，双方的交易结果往往是介于签单和拒绝之间，很难以订单有没有签订作为收场白成功与否的标准。

这个时候，我们只能利用目标分解的方法来衡量收场白应用是否成功。根据生意进展程度，我们把可能出现的结果分为4 种。

（1）订单成交。在大订单销售中，以这种方式结束的销售并不多见。

（2）进展晋级。即客户开始产生一定的兴趣，比如他同意参加你的产品展示会、试用你的产品或接受了你一些他开始并不认同的意见等，这些都会使生意顺利朝成功靠近。

（3）暂时中断。可能客户一时没有具体购买方案支持会谈继续下去，因此被迫中断。这时，你必须坚信生意会走向成功，并且最好帮助客户理清头绪。

（4）无法成交。如果客户主动拒绝你销售的主要目标，那就表示销售失败。

正确认识进展晋级和暂时中断之间的区别和各自实质，对于提高销售人员在大订单销售中应用收场白的能力大有帮助。

销售人员设定拜访目标，一定要大胆、务实，仅仅满足于以达到暂时中断或建立泛泛关系为目标的想法都是极其错误的。

⊙ **获得晋级承诺的 4 个方法**

争取客户的晋级承诺，是销售走向成功的关键。凡成功的销售人员，往往都与他们在以下 4 个方面的努力有关。

（1）需求调查和能力证实。需求调查主要是为了"对症下药"，如果没有这一步作为销售工作最坚实的基础，生意十有八九会失败，所以这一步尤为关键。

（2）检查关键点。关键一般都涉及交易的核心内容。销售人员在收场白中应该巧妙地与客户建立互动，回忆一下在前面的谈话中是否遗漏了什么关键内容。

（3）总结利益。大订单销售会谈经常需要持续很长时间，谈话内容广泛而复杂。销售人员如果在决策之前不将所谈关键点（特别是利益点）作个快速总结，肯定会给后面的决策环节留下一个巨大障碍。

（4）提议一个承诺。判断客户当前能给予的最大响应，提出一个可以促进会谈晋级的承诺，其目的是为赢得客户明确的进一步的认同。

不管你的拜访目标定得有多好，如果这 4 点你无法有效做到，那你的销售定然无法完成。

3. 大订单中的客户需求调查

客户需求调查是开展销售的第一步，是基础。随着交易额和交易规模的扩大，客户需求也呈现出许多不同的特点。大订单与小订单的客户需求相比，除了决策时间长之外还有其他几个不同之处：需要多人的参考意见；决策中掺杂的感情因素少，需求表现非常理性；承担的风险大，因此极为谨慎等。

在研究大订单客户购买行为时，需求被这样定义：买方表达的一种需要和关注，以能让卖方满意的方式陈述出来。

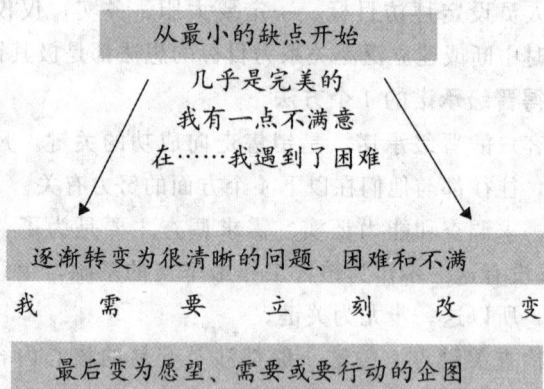

从最小的缺点开始

几乎是完美的
我有一点不满意
在……我遇到了困难

逐渐转变为很清晰的问题、困难和不满

我 需 要 立 刻 改 变

最后变为愿望、需要或要行动的企图

需求开发过程

⊙ 怎样挖掘客户需求

借助图例说明开发客户需求的基本步骤，相信你定能一目了然。

⊙ 隐含需求和明确需求

为了更好地挖掘客户需求，通常我们根据不同阶段把需求划分成隐含需求和明确需求两种类型。

（1）隐含需求。其主要表现在客户对难点、困难或不满的陈述。在大订单交易中，隐含需求无法预示成功。相反地，隐含需求比较适合在小订单销售中多多开发。

（2）明确需求。其主要表现在客户对愿望和需求的详细陈述。明确需求不但同隐含需求一样与小订单销售是否成功有着密切关系，而且还能在大订单销售中预示成功与否。

⊙ 价值等式

我们通常用价值等式来说明和解决需求迫切程度和问题排除成本之间的关系。

⊙ 大订单销售的成功信号

对于销售人员来说，购买信号这个概念再熟悉不过了。在销售会谈接近尾声时，如果客户有意，那么辨别并领会购买信

"问题大到需要购买了吗"

价格等式：如果解决问题的紧迫程度超过了解决问题的成本代价，那么这就是一个成功的销售。

号是销售人员完成这笔生意最关键的一步。

在大订单销售中，隐含需求已经不能如同在小订单销售中那样成为准确的购买信号。除了依靠提问，销售人员更重要的是要会观察客户的言行举止，力图发现隐含需求并将它们开发、转化为明确需求。

4.SPIN 的提问模式

第 4 章主要讲述 SPIN 提问模式的 4 种问题类型。它们是针对上一章"如何发现隐含需求并把它们转化为明确需求"这个问题展开的。

⊙背景问题

背景问题的实质是：它的目的并非从中获利，而是巧妙地打消客户的戒备心理，从而拉近销售人员和客户之间的距离。

收集和了解关于客户现状的各种信息和背景数据，提出相关问题，看上去只是生意会谈最基本的开始，好像与交易的最后拍定没有多大关联；但事实证明：在许多会谈中，背景问题出现的频率相当高。尤其是一些缺乏经验的销售人员，常常因为不能恰当地提出背景问题而屡遭挫折。

但也要记得：慎用！尤其是别让客户感到厌烦。

⊙难点问题

所有难点问题都有一个共同点，那就是通过不断地针对难点、困难和不满进行提问，刺激客户的隐含需求膨胀并使之流露出来。

对客户来说，相比较背景问题，他可能对难点问题更感兴趣，因为这涉及到了他自身的困难和利益。如果你的难点问题可以命中客户的困难或麻烦，那很可能整个销售都会出现一个大的转机。

在大订单销售中，难点问题就没有在小订单销售中表现得那么突出或重要。随着交易规模的扩大，影响会谈进程的因素也呈现出多样化与复杂化。比如风险问题、成本问题等威力更强的问题会让难点问题淡出有效提问之列。不过，它们所提供的许多基本资料对于销售人员开发客户需求、生意的展开仍然具有积极意义。

⊙暗示问题

暗示问题的实质：强化客户难题的紧迫程度，从而加剧买方意识向购买靠近或转化。暗示问题在小订单销售中通常不用，但在某些行业（高科技产品）的大订单销售中比较常见。

在实际应用中，暗示问题的难度要远远大于前两种问题类型。它通常需要销售人员把握一个合适的度，否则，它所发挥的可能是强烈的负面作用。

⊙需求—效益问题

这类问题的共同点是尽量向客户传递为他解决问题的积极因素，通过价值吸引来争取客户。正因为需求—效益问题"积极、有建设性及意义"的特点，客户才很少拒绝销售人员。试想一下，又有谁不愿意听到可以帮助自己解决问题的建议呢？

这种提问方式在大订单销售中表现极为出色。它不但让客户的心里感到舒服，而且还大大增加了客户接受解决方案的可能性。

⊙SPIN提问的综合运用

至此，我们对 SPIN 提问方法已经基本掌握。接下来我们需要学习的就是它们的综合应用。首先必须明白 SPIN 提问顺序（如图 1—5 所示）。

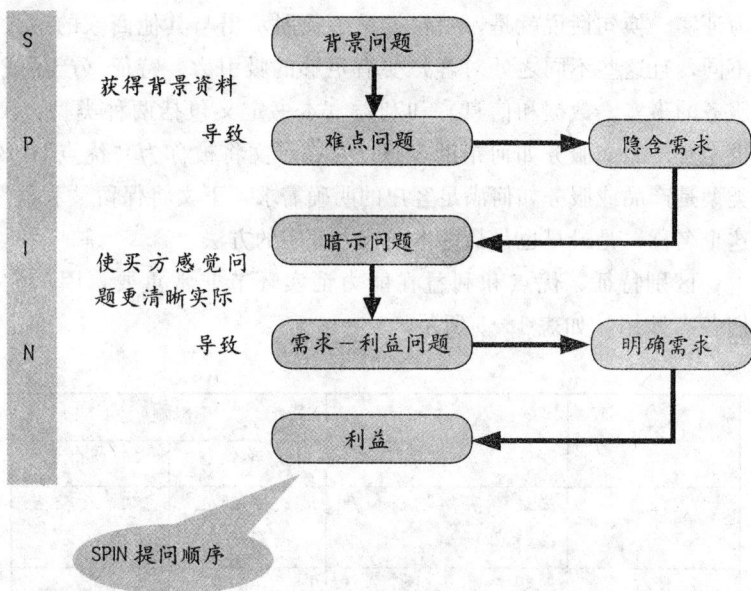

图 1-5 SPIN 提问顺序

为了更有效地提问 SPIN 问题，在具体应用时，还必须注意以下几点：

（1）根据客户问题的难点制定周密的谈判策略。

（2）设想客户遭遇的困境，以客户最大的难题策划暗示问题。

（3）不能忘记需求—效益问题的使用，因为它确实简单有效。但是不能过早使用，不能在自己毫无答案的方面使用。

（4）最后，再次强调隐含需求的辨识和转化——它离不开仔细的策划。

总之，对任何一个肯努力、有耐心的销售人员来说，有效使用 SPIN 提问方式是做好需求调查最有力的方法。

5. 大订单销售中的能力证实

销售人员对客户需求有了深入的了解之后，必须做的就是能

力证实。换句话说就是，销售人员必须展示出与其他商家的最大
不同，且这些不同之处对客户要有足够的吸引力。特征（产品或
服务的事实、数据和信息）和利益（本书定义包括两种类型：A
类型是产品或服务如何帮助客户，它在下文将被称为"优点"；B
类型是产品或服务如何满足客户的明确需求，下文将保留"利益"
这个名称）是最早也是最基本的能力证实的方法。

区别特征、优点和利益在能力证实环节非常重要，因为它
们各有妙用，如表 1-5 所示。

表 1-5

行为	定义	影响	
		小订单销售	大订单销售
特征	描述事实、数据和产品特点	轻微的正面影响	中立或轻微负面影响
优点 (A 类型利益)	表明产品、服务或其他的特征如何使用或如何帮助客户	正面	轻微正面
利益 (B 类型利益)	表明产品或服务如何满足客户表达出来的明确需求	极其正面	极其正面

销售人员只有明确特征、优点和利益三者之间的区别以及
它们在大订单销售中的作用大小，才能在能力证实中始终保持
清晰的思路。

本章最后提出的 3 点建议（不要过早地在销售会谈中进行
能力证实；优点陈述要慎用；对待新产品销售需要慎重可以提
高销售人员有效地推进大订单销售中的能力。

6. 能力证实中的异议防范

传统销售认为，异议的产生大都来自客户，并且他们将处
理客户异议当作创造良好客户关系、推进销售会谈晋级的一个
重点。但本章告诉你的将是与之完全不同的说法。作者尼尔·

雷克汉姆认为：

（1）异议主要产生于销售人员，而并非客户。也就是说，销售人员对待异议的态度应该处在主动位置且采取预防措施，而非将自己置于被动位置，只想如何处理或克服。

（2）销售技巧熟练的人员受到的异议要比新手少一些，因为他们学会了异议防范。

（3）如果某个小组销售水平一般，那么往往有一个成员在每个单位时间内收到的异议是其他成员的10倍左右。

（4）事实上，异议处理并不是传统销售重点强调的技巧。真正的异议处理就是防范，而防范主要取决于准备工作是否做得足够充分。

如果我们要对以上观点作进一步的说明或解释，就必须回到特征、优点及利益的陈述上进行讨论。

⊙**特征陈述和价格异议**

特征陈述的本质是通过大量罗列产品功能来强化客户的敏感度，从而增强客户的购买欲望。但研究人员在很多销售案例中发现：这种方法对廉价货物的销售有用，但在真正销售高价产品时，它并不管用。直到大量研究之后，他们才得出这个现象的真相：销售人员利用太多的特征陈述回应价格异议，结果适得其反。

⊙**优点陈述和价值异议**

优点陈述往往会导致价值异议的出现。为什么呢？我们试想一下，如果卖方没有对买方的需求进行有效开发就提供了解决方案，那买方在解决麻烦的价值与成本这个问题上会作何考虑呢？买方当然会产生"不值"的感觉。因此，销售人员每讲一个优点，客户就产生一个价值异议。

对价值异议处理的最好办法依然是防范，就是销售人员不给客户留下产生异议的余地。最好的治本之策应该是：围绕客户难点扩大难点价值（暗示这个难点的危害性有多大），并让客户感觉到解决这个难点的最大价值。这样你进行优点陈述时，客户异议便会大大减少。异议越少，销售就越容易成功。

⊙**利益陈述和客户承诺**

无论异议产生于销售人员和客户中的哪一方，销售人员应该做的都是静心寻找起因。但这样仍然显得过于麻烦，因为你应付异议还是基于处理而非防范。

利益是能够直接激发客户兴趣的，毕竟这是任何经济活动的根本。展现给客户的利益越多，客户的积极承诺就越多。在利益陈述这个小环节上，如何防范客户异议呢？如果你想做到最好，那么就请你发挥你的聪明和机智，利用巧妙的提问，将客户需求最大限度地开发出来，然后告诉他你将给他带来意想不到的好处（也就是利益）。就这么简单，应对客户异议并不复杂。

要想利益陈述做得好，前提是特征陈述和优点陈述无懈可击。

7. 初步接触

尽管有证据表明，多数人对初步阶段接触的注意远远少于后面其他几个阶段。但作为销售会谈的开始，它仍然有以下3点值得销售人员了解：

（1）第一印象，比如衣着，毕竟这不会给你带来坏处。

（2）传统开场白。传统开场白只能在小订单销售中发挥作用，大订单销售并非它的用武之地。

（3）销售会谈的开启技巧。成功人士通用的一点是明确会谈目的，并且一定让客户在初步阶段满意。这点也是判断初步接触是否成功的标准。

销售人员应该注意，初步接触阶段并非会谈的核心部分，因此无须在如何开场的问题上耗费过多的精力和时间。

8. 理论转化为实践

任何优秀的观念或理论，如果我们只是侃侃而谈而不能将它们付之于实践，那它们便没有任何存在意义。因此，我们必须将书本中的建议和以往经验融会贯通，真正地去实践这些技巧，并且利用它们创造价值。

⊙ **提升技能的 4 个黄金法则**

很多人在接受、学习知识时，表现出了非凡的行动能力。但是他们面对如何把理论知识转化为实践能力这个问题时，却显得手足无措、力不从心，最终影响了自身技能方面的提升。克服这一点，通常需要遵循如下 4 个基本法则。

（1）法则 1：一次实践一种行为。从一种行为开始实践，力图做到专而精；否则，就是博而不精。

（2）法则 2：一种新的行为至少试 3 次。你只有将一种新行为方法尝试至少 3 次，你才能客观认识它的有效性。

（3）法则 3：先数量后质量。勤奋练习，自然会有质的变化。

（4）法则 4：在安全的情况下实践，强调的是后果。只有在不会产生严重后果的前提下，你才可以利用这次机会实践它。

如果你想要提升你的技能，耐心和毅力就是关键。没有人因为浮躁、急于求成而取得长远进步。

⊙ **销售会谈总结**

销售人员将理论知识付诸实践之前，最好能如下文这样对以前所学重点作一个回顾总结。

销售会谈的 4 个阶段包括初步接触（为会谈做预热准备）、需求调查（根据相关信息，开发客户需求）、能力证实（证明你所提供的决策的价值）及晋级承诺（获得进一步的许可，推进销售）。

（1）初步接触。在这一步，没有最好的、固定的策略，只有灵活的应对方式。

（2）需求调查研究。重点是提出 SPIN 提问模式。

（3）能力证实。传统的证实方式在大订单销售中已基本失效，因此最好的方式是表明你有足够的能力满足客户需求。

（4）晋级承诺。提出获得客户承诺最有效的方法——以客户为中心、突出利益及恰当的承诺方式。

以上都是关于销售的核心内容，销售人员必须铭记。

除此之外，销售人员在实践中还应该注意 SPIN 技巧应用的 4 个要点，也可以说是 SPIN 的特点：重视需求调查阶段；开发需求必须遵循 SPIN 提问顺序；突出产品解决问题的能力；以诚相待，精心策划。

其实，SPIN 的力量就来自它这 4 个与众不同的特点。

9. SPIN 有效性的评估

任何先进的理论或模型，都必须进行评估。就像你说一棵树年代久远，你就必须推断它的具体年龄一样。SPIN 理论也不例外。

在很长一段时间内，对于 SPIN 有效性的评估都处在茫然阶段，直到摩托罗拉公司在它的加拿大通讯部门测试获得成功，才改变这种状态。

事实证明，SPIN 在提高销售人员技能、增加订单数量及销售额方面有着不同寻常的作用。尽管它也像其他事物一样必然存在缺陷，但这并不能妨碍它给我们带来益处。

为了完善 SPIN 理论，新的评估工具如同时间的前进一样，直到现在也不曾停止。

10. 实践手册的使用说明

学习并未停止，因为我们不能停止实践。世界上任何理论的实践步骤基本都是相同的，SPIN 的实践也不例外。要想做好一件事情，首先的任务是计划，接着才是展开实际行动。没有计划的工作，就如同没有首领的羊群一样一片散漫；但是同样，没有行动，计划也就失去了意义。那么，销售人员该如何制订一项成功的计划呢？又该如何展开呢？下面给出几点友好提醒。

（1）必须明白 SPIN 告诉你什么以及你怎样领会它的观点、概念和其他知识点。

（2）将脑子里面的知识和自己的现实情况相结合，力图实现理论向现实的转化。

（3）要心态平稳地推进工作进度。心浮气躁只能使你丢三落四、得不偿失。

（4）重视基本专业知识和基本销售技巧。中国有句名言"不积跬步，无以至千里"，说的就是这个道理。

（5）对于还没有彻底掌握的薄弱知识和销售环节，你应该反复学习和练习。熟能生巧的道理，谁都明白。

如果以上提醒你都能很好地注意一下，那 SPIN 对你的帮助定然不可小视。

11. 重温 SPIN 的模式

SPIN 模式虽然在前面已经进行过详细讨论，但这里仍然需要补充一些新发现和促进我们进步的方法，以便我们更好地掌握 SPIN 技能。

这些补充内容主要是将 SPIN 提问中的 4 大类型作了细小分解，开展细节讨论。

12. 自我测试

就算你已经掌握了 SPIN 模式和技巧，但那些程式化的条条框框能否被你完全领会呢？相信你无从得知。因此，你必须不断地进行自我测试，让所有的知识点都在脑海中放电影式地一遍遍重现。

在测试中，如果遇到错误，你应及时纠正、引以为戒；如果测试过关，那就更是加强了你对 SPIN 培训的消化和吸收。总之，不管难易程度如何，这些测试都可以使你的销售知识和技巧得到有力的磨炼，并使你加深对它们的认识。除此之外，它还有助于你对 SPIN 整体操作能力的提高。

13. SPIN 发挥效力的基石

SPIN 的两面性：好的一点是大量的事实证明它在大订单销售中可以起到举足轻重的作用；麻烦的是它的实际操作太过困难。但无论怎样，我们都不能因为困难而轻易放弃一个能够大大增加销售量的方法。坚持！世上没有什么事可以一蹴而就。

⊙策划——SPIN 最重要的一课

策划建立在计划之上，它比计划更加详细和周密。要成功制定一项策划，必须解决以下 3 个问题：

（1）基础定位。你以什么作为整个销售的基础？以产品或服务本身，还是以它的优点、特征或利益？在现代经济环境中，明智的销售人员只会选择产品能解决的问题作为销售基础。

（2）想法定位。其包括你的内容（什么将是你与客户会谈的重点）与沟通方式（冒着讲述的危险还是采取主动提问的方式）。

（3）初步试验。实践不可能一开始就将所有销售环节都赋以 SPIN 观念，让其主导整个销售会谈。这样有着极大的盲目性和风险性。因此，先进行单个产品或服务的试验，以其试验效果判定 SPIN 策划是否已经完善且可以执行，这才是稳重的革新之道。

以上 3 点做得越好，策划就越显完美，SPIN 的效力也才越大。

14. 注重买方的需求

需求是一切交易存在的基础，没有需求，销售也根本不会存在。能否发现并开发客户需求，直接决定着客户对你所提供的产品的态度。人的复杂性决定了需求的复杂性。要想做好需求开发阶段的工作，必然离不开价值等式（上文已讲过它的基本内容）的作用。

⊙价值等式和大订单销售

注重买方需求，最主要的是需要销售人员能站在买方的角度体会、揣摩他们的消费心理。只有这样，才能真正地制定出行之有效的策略。

在大订单销售中，只有客户感觉到问题的严重程度（解决问题的紧迫程度）大于解决问题的成本代价时，他才会选择购买。反之，他则认为无需购买。销售人员清楚了这点，接下来就必须意识到是什么影响了客户去感受问题严重程度。

对于同样以获取利润为最大目的的买方来说，让他焦虑不安的无非是客户的流失、竞争力的下降、品质无法保证、工作效率低下、各种职能反应迟缓等影响利益的因素。要促成价值等式朝着购买的方向倾斜，就必须利用难点问题和暗示问题强化这些负面因素的影响。这种方法可以应付客户流露出来的明确需求。最重要的一点是，它是开发隐含需求最有效的方法。

在大订单销售中，仅仅满足于客户的基本需求，定是一个不算成功的销售人员所为。而成功的销售人员则知道利用上面的方法再结合这种开发需求的功能策略（通过提问技巧建立许多小需求，最后集中在一起，构成强度很大的需求），开发出超越买方基本需求的大需求。这个时候即使客户面对很大的成本支付，也乐意接受销售人员提供的产品或服务。

15. SPIN 类型问题的规划

4 大类型问题的基本内容在 SPIN 的提问模式一节中已作阐述。这里主要就它们如何规划展开讨论。

16. 背景问题

背景问题的酝酿并非我们想象的那样简单，选择有效的背景问题仍然需要我们遵守一些基本的准则来进行周密的规划。以下是有关规划的注意事项。

（1）提问之前，尽可能多地掌握客户的实际信息。

（2）问题求精不求多。仅有几个好的背景问题，同样能够从客户那里获得所需信息。

（3）明确自己要帮助客户解决的问题是什么，这样才能加强问题的针对性。

（4）尽量使自己的提问能够和客户最关心的问题相联系，但需学会扩大问题的范围。

（5）提问时机值得注意。在不同时间和谈话环境里，同一个问题会产生截然不同的效果。

（6）给客户创造更多的发言机会，这样自己便可以有空隙思考，理清思路。

成功的销售人员是不会坚持 SPIN 提问模式一成不变的，他们会根据实际情况对这些注意事项作出相应的延伸或转变。

17. 难点问题

难点问题提问在整个开发需求过程中的主要任务是寻找关于客户现状的难题、困难或不满，并对它们进行阐明，从而让双方对隐含需求的理解逐渐明朗化。销售人员要想在这一点上取得理想的效果，最好能做到下面几点：

（1）要认识到难点问题其实比背景问题更容易被客户接受。

（2）提问难点问题需要充分准备，尤其是先向客户问几个有效的背景问题——它们是难点问题的厚实的铺垫。

（3）学会把握恰当的时机，谨慎地提问具有高风险的难点问题。因为一旦做不好，就很有可能惹怒客户。

出色的提问能力并非一日而成，它需要你在实践中多次磨炼、总结。

⊙ 暗示问题

暗示问题是通过指出可能的隐含需求来强化客户麻烦的紧迫程度。在成功的大订单销售中，它们的功劳可能最大，但其挑战性也最大。怎样规划一个促使买方下决心解决难点的暗示问题呢？答案请看下文：

只有在会谈之前进行精密的思考，才能准备出有效的暗示问题。

如果你能掌握足够的专业知识，不但客户所述难题你能理解，而且你还能引导客户发现新的难题。

事先想到每一个暗示问题涉及尽可能多的难题。

一定要让客户的注意力集中在你能完美解决的问题上，否则他将怀疑你的能力。

关于提问时机，仍然强调选择低风险区域，避免高风险区域。

如果能将许多小难点进行有机串联，那将是一个严重的难点。这当然也是你的商机。

使用暗示问题仍然强调灵活性，在某些情况下可以考虑适当地穿插背景问题和难点问题。

⊙需求一效益问题

需求—效益问题与前 3 种类型问题相比较，明显具有一大优势：销售人员将它们提出不会有任何为难，因为它们只是为了给客户展现利益。尽管在大订单销售中，由于规模庞大、内容复杂的关系使销售人员很难想出完美的对策，但我们可以尽力使其"完美"。为此，以下几个方面的努力必不可少：

（1）站在客户的角度，开掘你的产品或服务能够带来的最大收益。换句话说，就是考虑能解决客户的哪些问题及能解决到什么程度。

（2）确认是否所有的难题都已开发。难题开发越到位，客户越能够接受你的解决方案。

（3）开发你的解决方案的附带利益。这样可以强化客户购买的意图。

（4）你所要表现的收益，一定要与客户难点紧密相连。这种做法既有暗示客户难点给他造成损失的作用，又能增强他解决问题的决心。

如果你的努力已经无懈可击，很可能就有客户内部人员站在你这边，帮助你向他的伙伴们推荐你的产品或服务。

18. 超越基本点的能力证实和新产品或服务上市的能力证实

关于能力证实的基本方法和异议防范在前面已经作过介绍，这里主要讨论一些特殊的、能够促使能力证实走向完善的方法和其他内容。

客户很可能提出关于你能力的异议。如果没有能力，要么你承认自己无法完全满足他的要求，要么利用需求—效益问题增强你的能力、价值；如果你拥有解决难题的能力，那你就证实它，在关键的时候甚至可以出示证据。

绝大部分的销售人员在新产品或服务上市的能力证实中都表现平平甚至很差。关键原因是销售人员的注意力集中在产品介绍上，忽略了利用提问环节与客户进行沟通。这点值得后来者借鉴。

19. SPIN 技能锐化

学习 SPIN 技能就像你在销售环节的提问一样，也存在一定风险，因为没有人能保证它绝对具有奇妙的力量。也许它对你帮助很小甚至一无是处。当然，你完全可以通过你的努力（做到以下 3 点）避免这种风险，获得它的益处。

（1）以客户为中心，并尽量理解他。你不妨试着站在他的角度，设身处地地体会他的难处，朋友似的帮助他解决问题。这样的做法很可能带给你更多的喜悦。

（2）准备充分，精心策划。面对销售会谈，只有"知己知彼"，你才可能"百战不殆"。会谈的步骤与进度、如何与客户沟通（是提问还是陈述）以及运用什么样的辅助工具等问题，都是这个阶段应该考虑的。

（3）始终保持一颗反省的心。定期作自我检查和反省是计划执行中销售人员必须具备的一种品质。防止遗漏、弥补失误对你有益无害。

这 3 点，通常被销售培训人员称为"SPIN 技能提升的三大基石"。

20. 己欲施人

SPIN 技能的要诀如果确实被你掌握，那你自然就能享受到它不同寻常的力量。但聪明的人应该明白，世上没有什么唯一——它并非你提高销售的唯一帮手。只看着一棵果树的人，是会经常吃不到果子的。

值得信赖的上司或者师长、一群讨人喜欢的工作伙伴，还有那些为无数个知名企业培训员工的专业公司等，他们都能带给你用之不竭的销售技巧和非凡的智慧。

总之，只要你勤学好问，在哪里获得启示和帮助并不重要。重要的是，你的销售成绩真的提高了，你的客户非常忠诚，你距离成功越来越近。

三、《世界上最伟大的推销员》

◎简介

与其说此书是讲述如何塑造一个世界上最伟大的推销员，还不如说这是一本伟大的书。

任何一本销售类书籍都不可能与此书相提并论。作者独特的构思、细腻而富有才气的笔风、鼓舞人心的主题选择，无一不为此书的出类拔萃增添了动人的风景。

作者奥格·曼狄诺，著书 14 部，销量总共超过 2500 万册，其影响遍及世界各地。他在励志方面书籍上的成就，为他赢得了成千上万来自各行各业的人们的盛赞。他的书中，处处散发着打动人心的神奇力量。

细心品读，你会发现此书不只教你如何成为一个伟大的推销员，更重要的是它能带给你关于生命的思考。它的启示，面对的几乎是整个世界。在他看来，技巧只是妄想糊弄上帝的伎俩，而那些神示般的良言益语才真正是一个人走向成功之岸的航标和规则。

爱和感激始终贯穿全书。它向人们所提倡的"爱自己、爱别人、爱世界万物"和"倍怀感激"的生活观念，无论是从行为上还是从道德和精神上，都能给读者带来安慰、鼓舞和行动的力量。

这是一本深邃的智慧之书。朋友！夜幕降临到入睡的空闲里时，请拿着它躺在温暖的灯光下慢慢读来，你定能感觉自己的灵魂仿佛是邂逅了百年不遇的甘霖而受益终生。

◎原书目录

◎思想精华

如果有人问你世界上最高明的销售技巧是什么，请记得回答：仁爱。

＊羊皮卷的故事。海菲老人对老仆人伊拉玛娓娓的讲述，道出了人们成功的奥妙。

＊羊皮卷的实践。通过工作记录的方式，一步一步地将羊皮卷上的箴言付诸实践，重点强调了实践中必须遵守的法则。

＊羊皮卷的启示。这一部分将羊皮卷的内容做了推广和升华——不止推销这个行业，任何生命的存在过程中，都应该谨记羊皮卷的教诲。

◎核心内容

1. 羊皮卷的故事

⊙第一章

年老的海菲拖着步子，行走在流光溢彩的大厦之间。岁月在他曾经年少轻狂的心上刻下供晚年回忆的斑痕，满屋的金币并没有使他纯净的心灵散发出因腐烂而产生的怪味儿。

海菲永远知道，在他充满奋斗的一生里，老仆人伊拉玛的忠诚和伙计们的任劳任怨是他最为巨大的财富。金银财宝、翡翠玉珠，都将轻如尘埃，甚至宛如没入心灵之海的细沙，在时间海浪的冲刷下再也不会呈现于他的生命之岸上。

⊙第二章

目睹着显赫一时的商业王国就此在海菲的嘱咐中荡然无存，

感伤和沉重剧烈地扣着老仆人伊拉玛忠实的心。只有在大理石阶梯后面的房子里，在阳光映照的紫色的花瓶上，在海菲饱经沧桑的脸上盛开着生命最后的、最为灿烂的笑容。

灰尘在塔楼的缝隙里随着斑驳的阳光悠悠起舞，海菲从一个香柏木制成的小箱子里，轻轻地捧出了足以成就他一生的东西——几张破旧的羊皮卷。海菲说，它们陈旧的躯体上负载着成功和生命的秘密。

微风从遥远的东方徐徐吹来，带着湖水和沙漠的味道。记忆随风飘过了海菲的眼际，将一幕幕令人毕生难忘的往事轻轻拈来……

⊙ **第三章**

丽莎的少女之爱将少年海菲从骆驼的旁边带进一个需要忍受孤独和鼓起勇气的新生活。柏萨罗老人娓娓而道的箴言，宛如一把启迪生命的钥匙，将少年海菲坚强、充满渴望的灵魂从现实的牢笼中释放出来："孩子，多想想它。只要决心成功，失败就永远不会把你击垮。"

⊙ **第四章**

落魄的少年海菲又一次看见丽莎对他期望的眼神，又一次感到柏萨罗老人在他肩上轻轻按着的双手。于是，他鼓起勇气踏过在寒冷中披着霜衣的甘草地，再一次进入这个荒僻的小镇。"我拒绝与退缩和失败为伍。"他对自己说。

在伯利恒冰冷的夜色中，海菲将珍爱的红袍子为一个初来人世的婴儿充满柔情地披上。这是他伟大的同情和爱，尽管他自己并不知道。高高的夜空显得空旷而寂寥，一颗只属于他的星星已悬在他的上空且始终追随于他。

⊙ **第五章**

夜色依然笼罩在去往耶路撒冷的路上，他需要为自己热心而善良的举动编排一个谎言吗？

柏萨罗老人倚靠在帆布床上，微微地合着双眼，仿佛一个已入化境的修行者。海菲的讲述让柏萨罗老人舒心地笑了："没错，孩子，你是没有赚到钱，可你也并没有失败。"那颗炫亮的星星将永挂在无边的天际，为海菲指示着前进的方向。

⊙第六章

柏萨罗老人虚弱的笑容告诉海菲：他要走了。香杉做的木箱子是他留给海菲唯一的东西——价值连城的秘密。

海菲在告别的泪水中明白：他的生命才刚刚开始；从开始到结束，只有奋斗才会成就一生。

柏萨罗老人说："过去的，就不能再频频回头。你要到遥远的大马士革去，你是鸟儿，那里就是你飞翔的天空；你是鱼，那里就是你畅游的海域。还有那神的旨意，将为你创造一切。但是你不能告诉他人。"

"再见吧！孩子，我将微笑着与你挥别……"

⊙第七章

陌生而繁华的大马士革城，熙熙攘攘的集市、交易场上的喧哗声，这一切使少年海菲再次陷入惶恐不安。

在一个叫"莫沙"的小旅馆，海菲躺在单薄的床上，无望的泪水肆无忌惮地漫延在他疲惫的脸上。睡着吧！经过的只是一个短暂的夜晚，明媚的清晨很快就会来到，人群很快就会充满无限的热情。"只要有决心成功，失败就永远不会把我击垮。"多么有力量的箴言。

海菲终于醒了，对失败的恐惧心情早已不见踪影。"哦！羊皮卷，我就此将你展开，学习你深沉的智慧和高尚的品格。我要学那独自勇敢地从窗户飞到床边的小鸟，以它的勇敢成就我伟大的人生。"

⊙第八章　羊皮卷之一

不愿失败，唯有以美好的开始远离失败。少年海菲铭记着羊皮卷的教诲。无论多么艰难的道路，都是自己选择的，难道不该无怨无悔？再多的艰辛与失望，也饱含着生的机遇和希望。

数不胜数的同伴纷纷畏缩、胆怯和承认自己的失败，我则不会。因为我有跨越海洋成功到达梦想彼岸的航海图。

每一天，我都将重新获得生命。过去的失败和坎坷只是不能合我舞步的曲子，让它远去吧！曾经的任性、偏见和无知都将会被我的成熟、公正和无私所取代。

我要不断练习羊皮卷上的说法，让我的行动被巧妙的心灵指挥着，在每一个时刻我都显得精神饱满。奋斗将成为我一生的宗旨。我定能破茧而出，吞下成功的种子。

⊙第九章　羊皮卷之二

海菲听到羊皮卷中一个古老的声音在说："万物都在用各自的歌声赞美这神奇的世界，难道你不情愿加入这唱着赞美诗的行列？"我当然愿意，我会记住这个永恒的秘密，我会发自内心地热爱生活中的一切。因为，爱是一切成功的最大秘密。

我要戒掉急躁和冷漠，平静面对他们的反对、怀疑和敌视。伟大的太阳不正是用它的温暖感召了寒冷中的万物吗？我愿意接受美好的事物，因为它们带给我光明、快乐和新生；我也愿意接受不幸的事情，因为它们教会我沉着、坚毅和感恩。

我会像柏萨罗老人那样遵照羊皮卷上的话语行动。我用我真诚的笑容赞美，赞美小鸟和土地给我带来生活的灵感；赞美人们指引我走向智慧。我将在每一次的相逢和离去时，深深祝福。在伟大的爱里，我将获得你在自己心里为我留下的路径，被你信任和青睐。我最棒的货物，你再也不会拒绝。

⊙第十章　羊皮卷之三

成功，像那生长在皑皑雪山最高处的千年莲花。为了将这洁白而高贵的花朵戴在心爱的姑娘发间，我必须忘记身后的悬崖峭壁，勇敢向前。跌倒的沮丧和身体的疲惫，简直是病人再次遭遇的恶魔，它们会把我拖进生命的低谷。

我坚持不懈，要做一个摘取千年雪莲的登山者。我的成功在高耸的山顶，它在绵延纵横的崇山峻岭间，释放着世界上最奇异耀眼的光彩。这光彩是深情的召唤，是对我的信任，我怎么能辜负它满腔的期待呢？就如同水手不能辜负远方的期待，蜜蜂不能辜负鲜花的期待那样。

攀爬的我，身体灵活矫健，步伐踏实有力，目光坚定热情。山顶傲然挺立的雪莲，是我梦中的丽莎。相信我，我正在向你靠拢——向成功靠拢。

⊙第十一章　羊皮卷之四

我是自然界最伟大的高山，而非伏地而生的草芥。

对于自信成功的人来说，像动物一样容易满足就好比给正常人喝下烈性毒药。我的生命刚刚才开始，不能如早春的嫩芽那般轻易夭折。

我要按自己的心灵地图前行，顺着别人的路只能将自己赶进死胡同。我不能模仿别人，模仿别人就是复制一个失败的原型。但我会虚心请教和学习，求同存异。我的货物和我，都将是稀缺无比的。物以稀为贵，所以我们身价百倍。

骄傲是一种慢性毒药，它会抹杀我的激情、信心和温和。所以，我绝不容纳。

良好的礼仪和态度，是我最吸引别人的美德。我的言辞字斟句酌、风趣恰当，人们都乐意我向他们不断地推荐我的新货物。

我需要一个和谐的家庭，这是我永久的精神支柱。它将赐予我更强大的力量，使我专心迎接所有竞争者的挑战。

⊙第十二章　羊皮卷之五

我不能成为糟糕的、被命运捉弄的羔羊。我不能让时间从眼角偷偷溜走，让生命在手指间陨落。

昨天发生的一切，纵使回忆千万次，也只是泼出门外的水，难以复回。站在今天的刑场上，考虑明天的死亡是一件非常愚蠢的事情。

太阳的光芒，只属于今天。只有今天，才是永恒的。我的喜悦、我的幸运、我的成功，它们的种子都只适合在今天这个日子种植、发芽和成长。然后，我才能在明天用双手举起饱满的花蕾。

对于已经拥有的，我在今天要加倍爱惜，因为明天可能就要面临悲伤的离别。亲人、朋友，今天是最美丽的日子，我与你们在一起的那一分一秒都是甜美的。它的价值可以因为我们的珍惜而延及一生。那一分一秒流失的，仿佛都是我忠诚的顾客；那一分一秒堆积的，仿佛都是我滞销的货物。

⊙第十三章　羊皮卷之六

我坚信一朵枯萎的花儿，能赐予我一颗成功的果实。我感叹时光流逝，但绝不郁郁沉沉；我经历悲欢离合，但绝不性情无常。

我的情绪由自己控制。我用积极和热情对抗消极和沉默，用反省和警惕对抗惰性和放纵。别人的心思也将逃不过我的法眼。我无需对他感到陌生和茫然，一面之交也能获得他很多秘密。而秘密就是宝贵的财富。

恶意的命运拿我毫无办法，我将成为自己的主人，成为世界上最伟大的推销员。

⊙第十四章　羊皮卷之七

无论寒暑春秋，风总是微微吹着，从不间断。春时，染绿田野；冬时，扫尽大地。

无论苦辣酸甜，我总习惯笑着，从不间断。苦时，化解悲伤；乐时，犹如甘露。

我微笑着，在未知的路上前进。人类最终会走到怎样的尽头，都无从可知。难道我还要因为这些琐碎的小事而懊恼不安吗？

我微笑着，面对别人的冒犯。"一切都会成为过去。"此话已经深入我的骨髓，让我永远保持着困境中也能挣扎站起的坚强。

我微笑着，点缀世界。我用充满激情的歌声点亮黑夜里的生活，让那些不幸和悲伤成为明天的快乐果。

我微笑着，那云彩是我天空的本色。乌云弥漫并不是我的面目，我的眼睛是蓝蓝的云朵，我用我的目光来善待别人，不让他们皱起额头的纹路。

虽然我的本意是想从他们那里换取什么，但我并没有欺骗的意图。只有他们接受货物时的笑声和快乐，才会让我真正感觉自己的成功和伟大。

⊙第十五章　羊皮卷之八

春风，吹绿了麦田。这些居于泥土的麦子，生根、发芽、披起绿油油的"头发"。它们在农人的关怀中、在甜美的养分中成长，直到六月浑身挂满了金黄。

为什么我不能如这伟大的麦子，在岁月的风吹雨打中使自己身价百倍呢？难道我要成为一颗平庸的麦粒，被送进饲料厂？或是在坚硬、冰冷的石盘下被碾得粉碎？不，我生命的尊严不允许这样受到践踏，我无法忽视我选择的权利。

我将选择由低到高的目标，一个、两个⋯⋯在失败、无知、无望的黑色土壤中艰难生长。大自然给麦粒提供着必需的养分和力量，我则要塑造自己完美的品行和高贵的心灵，使自己成为世界上最耀眼的花朵、结出最饱满的果实。我将说到做到，绝不含糊和畏惧。

羊皮卷上的教诲，将成全我美好的生活。我将让美好也伴随着无处不见的阳光，传播到每一位聆听者的心田；我的解说和计划定能使所有人耳目一新。

⊙第十六章　羊皮卷之九

萤火虫会在寂静的夜里挥动着自己微小的翅膀，发出亮丽的光芒；而云雀，也只有振翅而起，才能占据无垠的天空。它们都是出色的精灵，将空洞的梦想在行动之中转化为现实。

我紧紧握着羊皮卷，制订了我创造财富的计划，幻想着丽莎的父亲不再因为我的贫穷而拒绝女儿成为我的妻子，我已经看见了自己获得"世界上最伟大的推销员"的称号……

想象永远都是美丽的，冷峻的现实却给我当头一棒。我恍然醒悟——我必须像那黑暗中的萤火虫、苍穹里挥动翅膀的云雀一样行动。否则，一切的计划和幻想都会苍白无力。

⊙第十七章　羊皮卷之十

尽管我自信会成为世界上最伟大的推销员，但我仍然只是在无边的荒野里寻觅的一只小羊羔：夜色会使我看不见东西，风雨会将我淋湿致病，凶猛的动物会将我撕咬，还有我天生的惰性和贪婪，会让我模样丑陋。万能的主，只有在您的指引下，我才能逐一克服这些困难、才能走向成功和幸福。

主啊！我需要足够健康的生命，好让我去实现梦想和目标。

物质的充足并不能填满我的心灵，我还需要快乐、充实和被信任。

您曾告诫我，只有用爱心善待一切生灵，只有在困境中学会虔诚，只有懂得牙齿和利爪并不是战胜狮子和猛禽的最大力量，才会在它们的支持下得以胜利和兴旺。

告诉我，这个虔诚的推销员，是什么导致他失败，他把成功的那粒种子掉在了哪座大山深处，以此给我指引方向，好让我感受到那顶桂冠召唤的力量。

给我勇气，责骂自己的疑虑和懦弱！把我扔进黑暗中吧！让我去习惯恐惧、克服恐惧，获取精神能源和悲伤时的乐观。

请教诲我，斥责我，使我将不良的习惯清除掉，使我在冷漠中发现，朋友的情谊远胜过陌生和仇恨。

如果您看见我孤零零的，如同冬天里挂在树上的一片叶子，请让春天的和风信守承诺吹过我的身旁，让我感受您与它仁慈的胸怀。

请让我擦亮我的眼睛，看着自己的身躯焕然一新，帮助我了解您认为对的一切。

⊙第十八章

神奇的羊皮卷，依然没有碰到冥冥之中的传人。3 年的等待让海菲显得更加苍老。他的身体虚弱，眼力也不太好了。他总是孤独地躺在花园里的椅子上，微微闭着眼睛。

陌生人的到来，在伊拉玛疲惫的眼里值得警惕。然而，海菲老人是个极其善良的人。他耐心地听着这个名叫保罗的陌生人讲起他曲折而悲惨的故事。这个故事发生在罗马。

在耶路撒冷，一个叫史蒂芬的耶稣门徒在保罗的作证下被犹太法庭处死……由于年轻的狂热，保罗跟随着寺院僧侣疯狂地迫害耶稣门徒……耶稣复活，给了保罗教训。保罗开始相信并追随耶稣，但他的宣扬无人相信，他自己且被怀疑者们追杀、迫害。一天，在圣殿里，耶稣给了他神示："去找那个世界上最伟大的推销员，如果你想把我的话传给世人，就要向他虚心请教……"

海菲老人被这传奇的情节深深震撼。他的眼睛陡然一亮，要保罗"告诉我耶稣的事情"。

伟大的耶稣，以他的神迹和教义感召了许多在不幸中挣扎的人，然而却被迫害致死。他的复活、他被钉死在十字架上时被鲜血浸染的红袍和他那看待生命的态度，都是怎样的感人肺腑……

海菲老人接过那件溅满鲜血的袍子，袍子上绣着的标记使他禁不住双手颤抖，心中一阵剧烈的翻腾——那两个标记竟然是托勒作坊的星星和柏萨罗的圆圈。

亲爱的朋友啊！还记得在伯利恒的一个寒冷山洞里，少年海菲曾为一个刚到人世的婴儿柔情地披上一件红色的袍子吗？

"那天晚上，天空中有一颗最明亮的星星。"海菲老人与保罗紧紧相拥，老泪纵横。

2. 羊皮卷的实践

羊皮卷的故事就此宣告结束。是否它已让你干渴的心灵犹如甘霖滋润？是否你黯淡的眼神猛然一亮，你旧时的梦想如烈火般熊熊点燃？答案若是肯定的，我并不见得会如何替你高兴，因为羊皮卷带给你的远不止这些一时的情感、小冲动，除非你是真的愿意接受这些啰嗦的计划，并且踏踏实实地执行它。

⊙第十九章

假如今天是你生命的最后一天，你是否乐意执行这些不倦的教诲？是否会将身上所有的恶习统统改掉？是否仍然只是坐在那儿梦着明天自己多么伟大？别介意我这直接的问候，你必须明白，羊皮卷并不只是推销员的良药，它适合任何一个乐意追求人生价值的人。

你的未来究竟是什么样子？别怕，我将给你行动的法则，你只需想着自己要什么，并记录下你从此之后的执行日记。保持这良好的习惯，将你的决心、毅力和勇气凝聚成不平凡的气质和力量。

不能自欺欺人，伤害自身的人格。你渴望成功，且乐意执行。然后，你会发现自己的才智即使是世界上最伟大的智能工具也无可比拟。

⊙第二十章

每当夜深人静，你应该握一支笔，轻轻地翻阅羊皮卷的故事。听它里面吟唱的舒暖人心的歌谣，宛如黑暗中划亮夜空的星星在你平淡的心情里熠熠闪光。

生命已是充满不幸和悲伤，快乐成为世界上最为奢侈的东西。你没有理由再将有生之年蹉跎，只有热情和活力才能为你找到最后的归宿。每个人身上都存在着卑劣的恶习，每个人都曾感觉到独自行走在漫长旅途上的孤单。可羊皮卷是我们忠实的朋友啊，它总是不偏不倚说着真理般的话。也许只是那么一个长宽不足 30 厘米的小册子，就能陪着你改过自新、躲过挫折、抗击灾难、收获财富，最终走向理想的生活，获得幸福。

⊙第二十一章

每个人都是上帝咬过一口的苹果。谁都无法成为完美的人，但是从来只有美德才能将无数张相似的脸庞区分。美国第一任总统——伟大的华盛顿将军以其平静、自信和超强的自控能力将自己定格在美元票面上；还有为追求人类平等而奋斗一生、最后英勇献身的第 16 届总统亚伯拉罕·林肯，他的爱、包容和顽强，足以拯救一个分裂的民族和震撼人类的心灵⋯⋯

美德就像一棵美丽迷人的大树，它的叶子能够挡住无数罪恶的风沙。人人都应该种下这样一颗梦的种子，并精心养育、保佑它健康成长。博学多才的伟人本杰明·富兰克林曾给自己定下除掉恶习的 13 个方法，并坚持执行，使自己最终成为一个近乎完美的人。

给自己一个培养美德去掉恶习的妙方吧！写下它，执行它，以它的名义去摘取自己人生的桂冠。

⊙ 第二十二章

还记得羊皮卷之二中"我要用全身心的爱来迎接今天"吗？赞美和宽容，使人变得真正强大。只有以坚持和节制来锻炼自己的身体，以智慧和知识来充实大脑，才能证明对自己是真爱而非纵容。

依据心中那些守护灵魂的原则，完成今天的工作。让羊皮卷的旨意在你劳累的脑中再过 3 遍，看看自己的表现是否让自己满意。不要怀疑你的进步，因为"努力＝进步"这个公式极为简单，你只需扪心自问。

柏萨罗老人的话永远值得你我共勉："只要决心成功，失败就永远不会把你击垮。"

⊙ 第二十三章

我们共同在荒漠里徒步前行。有太多的伙伴由于筋疲力尽、失意、无望，结果就躺在那干燥的沙土上不停地抱怨、哭泣，以至于最后他们因生命之水干涸而亡。你难道乐意成为茫茫沙漠里的一堆白骨吗？

能够在长途跋涉中发现绿洲的行者，绝不是只顾哀叹和忧愁的人。

正如希姆斯的箴言：要想成功并不难，只要我们辛勤耕耘、坚忍不拔、抱定信念、永不回头。

如果在接连 5 个星期的每一天，你都保持着阅读 3 次的好习惯，完全领会羊皮卷之三的魔力，那还有什么能让你对明天的道路感到恐惧和忧愁呢？

⊙第二十四章

水从来没想到自己可以滴穿岩石，它只是在默默地重复着做。结果，柔弱的它居然战胜了坚硬的岩石。因为它从不为昨天的成绩沾沾自喜，也不为一时挫折倍感沮丧，所以它滴穿了更厚的岩石。

奇迹总是独一无二的，如同你的举世无双。在羊皮卷之四里，藏着这个伟大的秘密，你是否发现了它具体的藏身之处？它藏在你取得成功时不骄不躁的心态内，藏在你仪态出色、风度翩翩的举手投足之间，藏在你不与他人苟同的性格里，藏在你勇敢追求卓越的热情里。

如果你锐利的目光能将它一眼洞穿，那么请牢记它、执行它，让这些优秀的秉性彻底地附载于你身上，它终将赐予你辉煌的光圈。

⊙第二十五章

生命犹如盛开在枝头的花朵，如果不能让自己大多数的时间里闭于花蕾积蓄力量，那盛开的一幕将永不可能呈现。

请在作为花蕾的时候，为自己的气质点缀高贵的颜色，为自己的身形塑造出优美的骨架，让睡梦中的花朵在清晨的绽放中潇洒地迎接春风。你这一贯的美丽，会让你即使在陌生人的眼中，也能获得幸运之神的青睐。

就当这灿烂的时日极其有限，每分每秒都重于黄金白银。如果我索性破罐子破摔，冷眼看着生命的伤口流走大量的血液，或是藏在阴暗的角落里瑟瑟发抖，像个死囚犯一样等待判决，这都只能证明我的生命一开始就是个错误、我在这个世界是多余的。即使我真的离去，也只是证明自己如同被虫子噬坏的朽木，毫无存在价值。

如果我的生命和前途是这样暗淡无光、倍感龌龊，那一定是恶习占了我的生活的上风，我对羊皮卷的怠慢给自己带来了应有的惩罚。

⊙第二十六章

我们都是各自驾着一叶扁舟、跨越生命之海的流浪水手。无边的蓝色笼罩整个海际，风雨和海浪时不时地袭击着我们。于是，有人操作失误被海风卷走，有人心浮气躁被浪花吞没。只有少数的一些智者，他们历经艰险，最后安然无恙到达了自己理想的旅游胜地。

对于海神发出的死难要求，盲目的抗争和决斗最容易致自己于死地。你必须学会成熟和谦和。要揣摩海神的脾气，寻找安全的航行季节和时间；要从同伴们那里学习他们的高超技巧，熟练地掌握驾驶的本领。

任何的心绪不定都是错误的指南针，可能把你带入死亡的境地。只有你使自己的心灵变成一弯平静的海滩，现实中那片草木繁盛、阳光普照的海滩才会变成大自然最温暖的怀抱，等着你的到来。

⊙第二十七章

英国著名作家兰姆曾说："在任何市场上，一声笑抵过100声呻吟"。此时，你是否感觉到笑的力量？

如果你敢于嘲笑世界，讽刺人们的庸俗忙碌，那么这足以证明你的自信、高贵和强大；

如果你敢于嘲笑收获，厌恶自己的洋洋得意，那么这足以证明你的谦逊、豁达和进取；

如果你敢于嘲笑窘迫，坚信自己的时来运转，那么这足以证明你的勇敢、坚毅和顽强；如果你可以对着陌生人真诚微笑，

那么别人就会铭记你的热情和善良;

如果你可以对着疲惫的自己微笑,那么生命能够感觉你的平静和祥和;

如果你可以对着结束的生命微笑,那么世界上永恒的将是你的从容。

如果你已将以上内容都深刻领会,那么请你翻开自己的成功日记,看看这些隐藏在微笑背后的优秀的性格特点你已具备多少。

⊙第二十八章

世上没有什么路永远平坦、笔直,而没有岔路的搅扰。我们总是行走在路上,总是经过数不清的路口,总是在寻找进入自己梦想世界的入口。

随随便便作出选择的人,都将被命运之神以枷锁紧紧套牢,像羊群一样被驱赶着走向最后的屠宰场。只有那些重视自己的价值、毫无轻视生命之意的人,才将被赐予心灵地图,被带进磨炼的土地上。

然而,这并不代表这部分人的圆满,因为生命的进化要求淘汰的程序永远要运转下去。只有深深扎根在这块磨炼的土地上的人,才会拥有足够的力量冲刺自己的目标,不断地打破自己,才能终究成为羊皮卷之八预言的那样:"我要再接再厉,让世人惊叹我的伟大。"而那些萎缩的、轻浮的则只能流入庸碌的人群之中。

⊙第二十九章

现实和梦想永远只有一步之遥。说起来,这应该算是人生秘密。

如果你没有将设想过很多次的计划付诸行动,你就永远不可能知道这个秘密。也许,它与你仅仅一纸之隔。只因为你无法克服懒惰和拖延的坏习惯,所以成功与你擦肩而过。

就像鸟儿如果懒得振翅,仅凭大自然的风力,根本无法飞上蔚蓝宽广的天空；

就像蝴蝶如果懒得早起，一直睡到太阳暴晒，那清晨四处流溢的花香定与它无缘；

就像星星如果懒得睁眼，只是呆呆地躺在天际，那么它就不可能领会到夜色的魅力……

即使你有非常完美的获得财富的计划，但倘若你只是痴人说梦、无视自己心灵的惶恐不安，拒绝按照羊皮卷之九的旨意行事，那么你就尽管做无数个美梦吧！在任何一个清晨醒来，你都会发现自己仍然只是从前那个逊色、穷困的小推销员。

⊙第三十章

祈祷吧，朋友！上帝依然健在，你的虔诚将赢得上帝无数次的神示。

技巧和手段永远都只是人类小小的伎俩，它们都是在上帝的注视中被我们自以为是地运用。

不要祈求那些小恩小惠和自私的奢望。你要祈求内心的安宁、众人的愉快以及世界的和平；祈求冥冥之神引导你、帮助你，指给你前方的路。

3. 羊皮卷的启示

⊙第三十一章　我永远不再自怜自贱

自强者自立。这个道理亘古不变。

如果你畏缩低迷、自怜自贱，总是用谎言为自己狡辩，那你就和向别人行骗的坏蛋没有什么两样。所以，你必须自强自立。

如果你低头哀泣、自怜自贱，只想以徒劳的眼泪和诉说来博取别人的同情和帮助，那你的双脚就是作为摆设的拐杖。所以，你必须自强自立。

如果你三天打鱼、两天晒网，使生命虚无缥缈，因懒惰而蹉跎，那你就会永远身在冰冷的冬天，毫无春天可言。所以，你必须自强自立。

如果你相信羊皮卷中的箴言，做到自强自立，那你短暂的低落就是转机，你的悲痛也会成为过去，你的未来将充满神奇。

⊙第三十二章　面对黎明，我不再茫然

人最可悲的并非想要的东西得不到，而是根本不知道自己想要什么。

羊皮卷带给你新的生活——阳光和微笑，困境和牢笼将不再属于你。如同一条小溪里的鱼，大海赐予它宽广和快乐。

羊皮卷带给你新的生活——方向和归属，沮丧和茫然将不再属于你。如同一个虔诚的朝圣者，已经看见了自己的圣地。

相信自己，相信黑夜早已成为过去，黎明已在你的城堡之外。打开你的心扉，铭记你的计划和目标，迎接它！

⊙第三十三章　我永远沐浴在热情的光影中

没有任何一个伟大的胜利可以缺少热情，就像沙漠中的旅行者不能离开水一样。

热情是世界上最大的财富，只有它才能帮助人们克服人生的磨难，给人生以希望。

真正的热情是长久的渴望和思考，一时的冲动是过眼云烟，毫无所用。只有坚持它一天、一年、一生，养成骨子里的习惯，它才能如同牵引机一样将你带入美好的生活。

真正的热情有无边的魔力和灵性，所以，你将拥有别人不能拥有的。

⊙第三十四章　我不再难以与人相处

即使你信奉上帝，上帝也只会告诉你怎么做，而不会给你什么。成功的桂冠，早已放在人生的领奖台上。除非你明白靠近的方法，否则它只与别人有缘。

现在的你是拥有神奇的力量还是芸芸众生中的一员，完全取决于你是否遵守羊皮卷中智慧老人的细则。

你在别人的心中放下希望的种子，别人便还你美丽的花朵；

你对陌生人也能给以真诚的微笑，他就分你一半他的阳光；

你怨天尤人的满腹牢骚倘若结束，世界就给你一片晴朗的天空。

反之，

你给别人苦瓜脸，他便给你紧皱的眉头；

你无视别人，就只能得到别人的背影；

你愤怒地责骂大地，大地便以同样的愤怒回应你。

总之，成功并非要求你处处伟大、次次牺牲，它本身只是一些微不足道的善意、微笑和职责。

⊙第三十五章　在每一次困境中，我将寻找成功的萌芽

灾难和成功相辅相成，才使世界完整。花朵不经历风雨寒霜，便不能成为饱满的果实。

如果现实将你深埋在失败的土壤中，难道你就会因气血受阻而甘愿夭折？告诉你，坚强的种子从来就不会放弃发芽的机会。我们既然不能把昨天的创伤抹去，那就应该用新生的皮肤覆盖旧日的瘢痕。

困难摧毁的只是喜爱享受的懦弱者，而在困苦中坚持寻找成功萌芽的勇者才将站得更高、走得更远。伟大的转机永远都藏在这个苦涩的瞬间，只有顽强才会换来满庭芬芳。

⊙第三十六章　做任何事情，我将尽最大努力

成功就像雨后天空中的彩虹那般美丽，像天使手中托盘上的酒那般香醇。但如果你不能全心全意地伸出你的双手，这些迷人的东西就会成为别人指尖上的玉扳指。

任何事情，需要的是尽力。留下余地，那就会成为失败者蜗居的角落。

任何事情，需要的是尽力。真正的高下，只有在所有参赛的人拼尽全力的情况下，才能定出分晓。

无论你从事什么样的工作，你都必须学会热爱它，努力达到的要永远比目标多一些。否则，失去了自觉性，你就是现实的奴隶，你的身心都被捆绑，你的付出都成煎熬。如此，何来

罕见的成绩？

⊙第三十七章　我将全力以赴完成手边的任务

自古行军布阵，必然恪守"宁肯备而不战，也不能战而无备"的战前准备精神。人生和推销，亦是如此。

如果你想在安乐窝中构建未来的美丽天堂，而灵魂仍在没有归宿地游荡，徒劳等待着好梦成真，那唯一的结局就是竹篮打水一场空、一事无成。

灵感、机遇和幸运，通常只会邂逅那些孜孜不倦的人。小的积累往往会造成质变。如果从人生一开始，你就没有一个深思熟虑的计划和行动而好高骛远，那唯一让人们肯定的是，幸福定不会降临于你。即使幸福正好砸在你迟钝的头上，你也没有能力挽留它，就像一个懒汉不能挽留他美丽的妻子一样。

所以，用你的勤奋，在有限的时间里搭建一个稳固的平台，等待着命运之神的降落吧！

⊙第三十八章　我不再于空等中期待机会之神的拥抱

幸运之神犹如汪洋大海中成群的大鱼，在你的视线里游来游去。你难道打算持钩等待，希望鱼儿自己上钩吗？或是，你面对茫茫大漠，打算不用自己的双脚，而让风沙将你送到一片绿洲吗？

时间飞逝，光阴荏苒，可能就是在你频频回首之中或弹指间，生命已去大半。命运之神在它的小屋子内苦苦等待你很久，最终甩手而去。智慧的人应该是积极的，展开双臂、敞开胸怀拥抱未来。

热衷于推销的朋友！无所不能的羊皮卷永远不会教你坐在舒适的家里等着顾客自己送上门来的。它只会教你跟进、拜访，以真诚的心去换取梦想的财富。

⊙第三十九章　我将在每晚反省自己的行为

生活之书从不允许随意改写已有的内容，如同生命不能从头再过一次，所有的遗憾和错误只能下不为例。谁也不能保证一生不犯错误，重要的是不再犯同类的错误或者懂得避免和预防错误。所以，我们需要反省。

反省性的思考可以像用水清洗污垢一样清洗人的性格和心灵。在每一个夜幕悄悄降临之时，我们应该像倒影带一样回忆今天的言行举止，看看是否如羊皮卷告诉我们的那般智慧。

在此之中，我们客观地看到自己，并学习经验，以此使明天的成就远远超过今天的收获。

⊙ **第四十章　通过祈祷，我永远与万能的主息息相通**

这个时代，仍然存在着疾病和灾难；前进的路上，仍然存在遍地的荆棘。阳光不可能永远照耀着宽广的大地，我仍然会遭遇黑暗和寒冷。

尽管如此，我仍然拥有无穷无尽的希望，只要我可以虔诚地扪心祈祷。

面对坎坷时，能够坚强、忍耐；

面对抗议时，能够无畏、包容；

面对忧虑时，能够乐观、积极；

面对成功时，能够谦逊，甚至卑微。

生命是世界送给每个人最美的礼物，我将对这盛开的花朵倍加爱护、珍惜，并履行它伟大的职责。当它回报给我丰硕的果实时，我将心怀感激！

四、《就这样成为销售冠军》

◎简介

像任何其他技能一样，销售能力也可以被训练出来并不断精益求精。这是享誉全球的销售大师汤姆·霍普金斯对销售能力的精辟论断。这一论断结束了数以万计彷徨在销售领域的人们被动、无奈的局面，给在失败线上挣扎的销售人员以巨大的鼓励，使他们具有了走向成功、成为冠军销售员的信心。

本书集合了汤姆·霍普金斯与其伙伴劳拉·拉曼（顶级的销售健将，为帮助更多有上进心的销售员及公司获得成功，她于1989年创办了经理人培训咨询公司）多年来在销售行业的实践经验和潜心体会，深刻地阐述了关于销售的各种问题。它为有志于销售行业的广大人士描绘出业绩不再是问题、收入越来越丰厚的辉煌前景。

在内容、形式上，它打破了以往规矩的、没有趣味的教条化叙述方式，以故事的形式，通过主人公一步一步的销售训练，向更多的人展示着冠军销售员成功的秘密。这种新颖的表达方式为读者的接受与领会带来了极大的方便和愉快。

本书的细节处理也别具一格。它不但透过许多情景告诉人们每一步精细的销售技巧，还借助史蒂夫的工作日记将核心内容突出，使得读者的脑海里有更深的印象。

同样生活在这个竞争激烈的时代，为什么别人可以在一天之内创造你一生的财富？差距为何如此之大？如果你是一个整天为没有业绩而愁眉苦脸的销售员，那么你想知道其中的奥妙之处吗？请让你的阅读来告诉你最终的答案！

◎原书目录

◎思想精华

不是每个人都能成为销售冠军，除非你按照汤姆·霍普金斯和劳拉·拉曼所说的开始做起：

　　*冠军销售员的身心。健康乐观的身心、顽强的毅力，是冠军销售员必备的基础。

　　*冠军销售员的训练。有效安排工作时间，排除后顾之忧；针对产品和客户做好充分的准备，掌握丰富的产品知识和客户信息；不放过任何培训或提高能力的机会。通过这3方面培养销售员的综合能力。

　　*冠军销售员为什么会讨人喜欢。以言语谈吐之间的激情和热情感染顾客、拉近与顾客的心理距离；避免消极或不文明的肢体语言，消除顾客混乱或不安的信息。总之，怀有一颗真诚的心，就能讨得顾客的喜欢。

　　*冠军销售员的声音。冠军销售员在与顾客交谈的声音处理上，像完成其他的销售环节一样拥有艺术性的技巧，它传达给顾客专业、激情、信任等有利信息。

　　*冠军销售员的形象。冠军销售员不仅要具备足够的内在素质，还要对自己向客户呈现的外部形象进行合理修饰。成功的形象会大大减少与顾客沟通的阻力。

　　*善意诱导的必要性及其艺术。销售员对顾客的善意诱导，是整个销售环节的关键。只有这样，销售人员才能使顾客接受新的产品知识、帮助顾客完成选择。

　　*理解不同个性。很多失败的销售员，往往不能根据顾客的特点来调整自己的销售风格。而冠军销售员则知道为什么他喜欢这样的，而她又喜欢那样的。

　　*用直觉解读他人。这告诉销售人员，在仔细观察的基础上，解读顾客的非言语表现，可以获得更多的顾客信息。

　　*剖析销售。解析销售活动的规律和程序，探究顾客的需求、心理，为销售员制定正确的实施步骤明确思路。

　　*组建人际关系网。销售员没有关系网，就是没有客源，就没有生意可做。组建宽广而稳固的人际关系网，需要你的技

巧和勇气。

*获得尽可能多的约见机会。与顾客约见，等于成倍增加成功的可能。绝妙的追踪技术和大胆的拜访是增大与顾客约见机会的两大法宝。

*克服恐惧被拒绝的心理。战战兢兢的结果就是被拒绝或者失败。只有大量的情景练习，才能使销售员克服恐惧心理、树立良好的信心，去挑战不可知的工作或任务。

*精彩的问候。它将教会你怎样完成一个美丽的开始，让顾客产生对你的信任和喜悦，接受你进一步的陈述和善意诱导。

*需求鉴定。如果你不能准确了解顾客的需求，再有力的产品介绍和销售技巧也是苍白、徒劳的。所以，鉴定顾客的需求是销售员的首要任务。

*排除竞争。没有竞争就没有市场，而只有排除竞争才能长久立足。

*强有力的展示。常言道"打蛇打七寸"，只有在顾客面前突出他所需要的（产品、态度、心理满足），才能打消他的疑惑，坚定他的购买意向。

*异议预防。顾客提出异议虽然是在销售完成之后，但绝对不容忽视。销售员早期精心准备，是基本可以做到防患于未然的。

*成交戒律。销售员一切的努力就为等待这个关键时刻，沉着和小心谨慎同样显得重要。关于购买信号的问题，是本部分的重中之重。

*战胜最后的异议。一个出色的销售员，会以采取预防措施和保持乐观心态为每一次销售画上完美的句号。

*追踪现实和对追踪的恐惧。论证销售员对潜在客户的跟进在整个销售环节的重要性，介绍基本的跟进方式。

*推荐的竞争优势。与其他的宣传方式相比，顾客满意、产品的口碑是最为有力、有效的。

＊冠军销售员对未来的展望。美好的事业都是从美好的计划开始的，之后则始终伴随着计划者不断的客观计算和不懈的执行。

＊时间安排。强调科学利用时间对销售人员的重要性及其方法。

＊冠军销售员的自我分析。任何一个行业，所有成功的人，都是由自身勤恳的生活态度与无比顽强的信心共同造就的。

◎核心内容

1. 冠军销售员的身心

一个人能否取得职业上的成功，关键取决于他的精神面貌。这包括性格、心态、精神食粮和身体的健康状况。对于冠军销售员，更为如此。在现代高节奏的生活中，从来没有听说有人因为精神委靡不振、体弱多病而在激烈的竞争中大获全胜。

有心理学家曾经指出：人体心理中的积极性因素是一切活动能力的来源。但另有研究表明，在正常人每天产生的 1 万个没有丝毫根由的念头中，至少半数倾向消极方面。可见，这两者是极其矛盾的。销售人员只有通过极其有效的自我调剂、积极的心理暗示，才能拥有满腔的自信和热情，对顾客的购买行为产生良性引导和鼓励。

冠军销售人员通常是这样做的：每天起床的第一件事就是进行 3 次有意识的积极的心理暗示，告诉自己"今天是一个伟大的开始"。我们的心灵需要补充这样的精神食粮，每次也不过 5 分钟而已。

作家罗兰曾说过："运动的好处除了强身之外，更是使一个人精神保持清新的最佳途径。"时刻面临着遭受拒绝、销售定额多、经济变化和工作强度大等压力的销售人员，应该养成积极锻炼的习惯来释放这些压力，从而拥有持久的精神和清醒的头脑，迎接新挑战。生物学更加印证了这一点：早晨的运动可以给我们一个好心情去开始一天的工作，更重要的是它具有降低血压、稳定血糖、减少骨折和预防心脏病的作用。对于这点，冠军销售员通常都会做得很好。

如果你想提高自己的销售业绩，获得"冠军销售员"的光荣称号，只以上几点并不够，你还必须铭记其他方面：

（1）维生素、矿物质和水是你必不可少的营养元素。

（2）再好的机器也需要休息，你必须保证 8 小时有质量的睡眠，以获得充沛的精力。

（3）必须通过你的兴趣爱好（比如下象棋、欣赏古典音乐等）扩展心智，增强你的学习能力。

（4）最后，万事万物，贵在持之以恒。

2. 冠军销售员的训练

有一句古话叫"玉不琢，不成器，人不学，不知道"。汤姆·霍普金斯坚信，像其他任何技能一样，销售能力也可以训练出来并不断精益求精。销售人员不是诗人，不需要天生的神经质或精神异常，而需要经过系统的销售训练来掌握各种各样的销售技巧，从而由一名普通的销售员变成一名杰出的销售冠军。

要想具备一个冠军销售员的优秀品质，在千差万别的客户面前将销售艺术演绎得淋漓尽致，关键在于把美好愿望付诸切实有效的行动。

（1）试想销售环节中最让你恐惧的一幕，然后克服它。如果碰到一件较棘手的工作，那么就"先除之而后快"，清除这一销售障碍。但是，请注意你的精力和时间。

（2）约见顾客之前，进行充分的准备。准备内容包括：本产品的性能和优势、顾客的需要、顾客的个人信息、设想拜访的情景、万一遭到顾客拒绝时应该采取怎样的挽救措施等方面。准备越充分，销售成功的概率就越大。这正应了一个反映战争前夕军队准备工作的兵法策略——"知己知彼，百战不殆"。

（3）市场在变化，顾客也在变化，为了应对这种销售局势，你必须不断给自己"充电"。接受更先进的专项培训，广泛阅读专业书籍，与伙伴分享实践过程中的销售经验等，这些都可以让你朝"冠军销售员"的称号逐渐靠近。

3. 冠军销售员为什么会讨人喜欢

不能否认，没有人喜欢和迟钝、木讷、毫无趣味的人进行各方面的信息交流，除非学生被迫听从老师的教训。虽然我们的销售人员不是严肃的老师，客户也不是学生，但客户仍然比较偏心于处世积极、性格开朗、待人和蔼的销售人员——冠军销售员。到底这些冠军销售员是通过什么样的方式来讨取客户喜欢的呢？看完下面这个著名的试验结果，你将会得到完美的答案。

1968年，美国心理学家艾伯特·梅拉宾经过大量的实验得出了一个公式：信息交流总效果的55%来自于身体各部位的姿态和动作，38%来自于音调，而只有7%来自于语言交流。这个结论在销售人员与客户的接触、交流中同样适用。

销售人员给客户留下的主要印象，是他在介绍产品、提供参考分析包括售后服务等过程中不经意间暴露出来的，尤其是表情和动作。一个普通的销售人员需要怎样，才能如冠军销售员那样赢得客户欢心呢？

（1）热情和激情是最容易感染别人的。它可以通过你真诚的微笑、柔和而又坚定的目光、赞同式的微微点头、笔直的坐姿、手指优美的弧线比划等举止，把你充满活力的心跳传达给需要你帮助的客户，使顾客信任你、赞赏你。

（2）假如你双臂在胸前交叉怀抱或是双手插在口袋与客户进行交流，那他一定对这种不礼貌的销售行为表示反感，更不用说购买你的产品了。所以，你必须克服不文明或消极的习惯，让肢体语言传达给客户一些好的信息。

（3）再一次强调：诚恳！诚恳！你是真正地愿意帮助他，还是只瞅着他兜里的钱，生物直觉会让他一眼识破。

4. 冠军销售员的声音

艾伯特·梅拉宾的试验告诉我们，除表情和动作之外，声音是人与人之间传递信息的两大途径。客户可以通过你的声音判断出你对自己的职业是否充满激情，你对自己的销售是否拥有信心，你对这笔生意是否在乎。这些信息都直接影响客户对你的销售行为的态度。

音频、音调发音和变化，共同组成声音。冠军销售员在说话时的声音处理上，像完成其他的销售环节一样运用着艺术性的技巧。

（1）上扬、热情的语调比起单调的声音来，更能流露出他的自信和希望。

（2）清晰的发音和肯定的语气，更能突出他的专业和诚实。

（3）结束语的降调，确认他对自己的阐述非常满意，他坚信他们会成交。

事实上，初次踏入销售行业的很多新人，在接触客户的过程中，心理一直处于紧张和恐惧的状态。他们手忙脚乱地应付着客户的各种询问和质疑，根本顾及不到声音这个层次。要消除这种情况，除了寻找有效的方式放松之外，就是不断地练习（比如，利用录音机录音进行情景试验）。

5. 冠军销售员的形象

"人靠衣装马靠鞍"这一俗语强调的是：对一个人进行直观判断时，外部形象在整体印象中占据很大的分量。冠军销售员不仅要具备足够的内在素质，还要对自己向客户呈现的外部形象进行合理修饰。

（1）正规、得体的职业装，并没有因为时装潮流的冲击而显得不合时宜。通常，大人会这样教育小孩不要对人产生等级之念："你不应该以貌取人！"但不能否认的是，现实生活中，陌生的人们往往是以这种方式互相进行判别的。

（2）树立成功形象的建议：时新的职业装或颜色鲜艳的夹

克能给人以权威的感觉；鞋子的庄重可以显示你的细心；整洁、成熟的发型可增强你的可信度；淡淡的香水可以营造一点气氛；稳健的步伐体现你的工作效率等。记住，适可而止！

（3）握手是传达信息的好机会。以微笑的表情、稍弯的肘部有力地与客户握手，可显示你的自信和充沛精力，拉近与客户的距离。

在树立个人形象的过程中，应多征求朋友或同事的意见，集思广益。

6. 善意诱导的必要性及其艺术

市场上的产品极其繁杂。一般情况下，客户只明白自己生活的某一方面遇到了麻烦，需要以购买的方式向市场求救。至于具体需要什么性能、什么价位、什么型号的产品或服务，他们大多无从知道。销售人员的出现就可以解决客户茫然无措的问题——通过善意诱导，为客户作出正确决策提供新知识，帮助客户完成选择。

话有三说，巧者为妙。销售人员的诱导方式，是整个销售环节的关键。能否让客户在交流之后作出积极的选择，就看销售人员驾驭语言、善意诱导的技巧如何。这与医生对病人运用心理诱导、科学诊断然后设计治疗程序是同样的道理。

（1）假设性的措辞能帮助你处于主动的地位，对你顺利地进入潜在顾客的心中有积极的作用。一定要相信自己销售会顺利，你可以问出类似下面这样的问题："如果您乐意的话，就将我们下次见面的时间定在……好吗？"或者"假如明天之前决定购买的话，可以享受 8 折优惠，您考虑一下？"

（2）其他建设性的语言也可以刺激潜在顾客的积极思考。比如："一旦您成为我们的客户，我们将为您提供……"

当然，语言的巧妙运用，首先需要销售人员对交流的环境和谈话的语言环境做到正确地领会；其次，销售人员必须重视自己谈话的底气和语气。

7. 理解不同个性

销售训练中的技巧和方法，都只是销售员促进销售的普遍手段。事实上，面对具体的客户对象，销售员必须擅长判断对方的性格类型，根据对方的个性特点来调整自己的销售策略。只有做到因人而异，对症下药，才能取得事半功倍的效果。

基于几百年来人们不断探悉人类性格构成的成果，根据个性差异，人们通常把人分成以下 4 种类型。销售人员必须针对不同个性类型进行不同的销售。

(1) 当你遇到果断型性格（冷静、控制欲望强、好胜心强、时间观念强烈、没有耐心、固执）的人，你的陈述或解说必须言简意赅，清楚地告诉他，如果购买会给他带来很多的好处或优势。

(2) 当你遇到直觉型性格（外向、忠诚、优柔寡断、时间感不强、与人交好）的人，你需要展示你热情、温和可信的人格魅力，舒适的情感比其他任何策略都有说服力。

(3) 当你遇到幻想型性格（矜持、寡言、独立工作能力强、爱好阅读、不爱冒险、逻辑推理能力强）的人，你必须为你的销售进行冗长细致的陈述，给他提供大量的统计信息，以便他通过推理作出选择。

(4) 当你遇到热情型性格（直率、具有创造力、喜欢被众人簇拥、果断、做事容易出格、情绪化）的人，你需要为你们的交流创造很多互动机会，这样热情的他会更加喜欢释放和参与。

此类分法，对于性格迥异的人类来说，并不非常准确，它往往是通过夸大某些特点来进行归类的。所以，具体情况，你还必须客观对待。

8. 用直觉解读他人

尽管人的直觉带有许多幻想成分，但它的产生依然是由于依赖于对客观事物的印象，才在某一时刻突然出现在脑际。客户虽然没有观察和分析销售人员的言谈举止，但却能对销售人员形成心理上的判断，这就是客户的直觉作用。同样，销售人员可以凭借自己的直觉，通过解读顾客的非言语表现，对顾客的内心想法进行揣摩或了解。如果你愿意作出这种细致的精力投资，那你将获得丰厚的回报。

这里介绍几种常见的肢体语言及其含义。

(1) 避开目光——表示心思没放在这里。

(2) 微笑——表示感觉良好。

(3) 上身前倾——表示有兴趣。

(4) 低头——表示没有自信、紧张。

(5) 手掌摊开——表示开放、诚实。

(6) 搓手——表示算计某事对自己有利。

(7) 摩挲脖子——表示灰心丧气、疲劳。

如果你养成了解读客户肢体语言的好习惯，你将拥有非凡的洞察力。

9. 剖析销售

唯物主义认识论告诉我们，万事万物均有规律可循。销售行为亦不例外。冠军销售员往往能有意识地找寻销售规律、掌握销售程序。与顾客交流时，他们清楚每一步应该怎么走，并能为每一个销售环节预备可行的推进方法，以此取得更佳的交流效果，提高工作效率。这种人性的、互动的销售程序是依据人的心理特性而建立的。它能更好地帮助顾客理解、接受新事物和新理念，所以，顾客通常都会欢迎销售人员以这种方式向他们介绍产品。

(1) 以礼貌的态度和诚恳的心去认识他们。

(2) 能很好地领会他们的需求。

(3) 给他们以热情而专业的产品介绍。

(4) 提供良好的售后服务。

如果你能够切实体会顾客的需要，那你就会明白怎样的销售程序才是适合此次销售行为的。

10. 组建人际关系网

经济越是发达，商品交易就越是频繁。这个规律促使销售人员的队伍不断壮大，销售行业的竞争日渐激烈。很多销售人员，就喜欢以这种现象解释他们失败的原因——最困难的事，就是每天无法找到足够的顾客来推销自己的商品。

每一个人都应该相信，在市场上，顾客总是比销售人员多出很多倍的。正如同你必须相信，医生不可能比病号多。没有客源或者缺乏客源，只能说明你没有一个出色的人际关系网，你的社交能力极为差劲。

事实证明，优秀的销售员总是时刻在为组建人际关系网而努力，并且亲身实践着从前辈身上学到的经验。

（1）随时随地准备与周围的人建立关系，并积极地向他们传播产品知识。

（2）借助朋友和亲戚的推荐，扩大交际圈。

（3）经常参加社区活动、俱乐部活动及其他商业活动，从这些公众场合找到更多有用的客户信息。

（4）经常运用"三步法则"，潜意识里把周围三步之内的人都当做客户对象，且主动与他们打招呼、交好。

事实上，很多新手有意地执行这些扩展人际的条例，在开始阶段定然伴随着不适、害羞和恐惧等不良感觉。而重要的是，你需要克服不良感觉，坚持这种做法。习惯之后你会发现，这种挑战带给你的将是更多的欣喜。

11. 获得尽可能多的约见机会

为了提高自己的销售业绩，销售员必须掌握高超的"侦查"技术，不断发现新的顾客，与顾客进行约见、交流，做成一笔笔生意。虽然现代的通信技术可以使销售员通过邮件、电话的方式接触到顾客，然而有研究表明，人与人之间最佳的交流方式却是面对面的信息沟通。由此得以引出销售过程中极其重要的另外一个环节——销售员与顾客的约见。我们可以想象一下，约见顾客就如同一个具有过滤作用的程序，约见之前混合着各种可能（拒绝、失败等），而约见之后胜算的把握就大了许多，消极因素也去掉很多。与顾客的约见机会越多，就意味着这笔生意的成交率越大。为此，销售员必须通过各种努力获得尽可能多的约见机会，以取得实质性的销售进展。

（1）通过冒昧的电话，直接告诉对方可能会感兴趣的信息。但效果不是非常好。

（2）寻找与自己有着某种联系的清晰目标，从他们的理解中获得支持。

（3）直接接近决策者。虽然过程中会有一些障碍，但应该学会巧妙地绕过障碍物（比如决策者的助手）；见到对方首脑要开门见山，因为大多数决策者都没有耐心听取一个销售人员啰嗦的陈述。

（4）接线员至关重要。打电话时，能否得到那头接线员的青睐，直接影响着你能否获得有价值的信息。

（5）如果知道决策者的名字，那就鼓起勇气，很自信地告诉接线员你要找这个人。这样，他会认为你是决策者一个很重要的老熟人。

一旦约见成功，销售员必须在精心准备（从着装到产品内容）后，大方、得体地准时赴约。

12. 克服恐惧被拒绝的心理

大家知道，心理力量对人的行为具有绝对的主导作用。著名意大利诗人但丁有句名言：走自己的路，让别人去说吧。他伟大的心灵受着自己信仰的主使，别人的非议或评价都显得微不足道，所以他创作出《神曲》。可见，成功者永远都不会是战战兢兢的胆小鬼。

能登山之高峰者，必不惧路之险恶；能跨江之激流者，定不畏水之湍急。若想得到"冠军销售员"的荣誉称号和丰厚的收益，同样必须克服内心的惧怕和紧张，通过一些科学的训练，达到销售技巧运用的稳定、娴熟。

（1）大量的情景演示训练（每个礼拜 10％的时间）必不可少，这是克服恐惧、解决销售难题的最好方法。

（2）想想那些伟大的、先苦后甜的人物，然后给自己永不言弃的精神和不畏艰难的勇气，去克服每一个销售障碍。

每一个梦想成功的销售员都必须铭记：没有人生来就具备成功的条件——圆熟的技能和巧妙的陈述，这只能用自己的汗水来换取。

13. 精彩的问候

以令人信服的精神面貌出现在顾客面前，使顾客的焦虑感减少，给顾客一种轻松自在的交流气氛，打好互相信任的基础，这就是一个销售员通过对顾客的问候所要达到的效果。

（1）销售员给顾客的第一件礼物应该是真诚的微笑，只有这样，顾客才有可能乐意接受最后的"礼物"。

（2）对待顾客不只需要注意力集中，目光中还必须带着你的自信和兴趣。

（3）手掌展开、掌心微微向上，有力地与顾客握手，但不能捏疼别人。

（4）热情地向顾客介绍自己，但要自然，比如用上扬的声调告诉他你的名字："我叫汤姆·霍普金斯。见到你非常高兴。"

（5）利用一个问题，让顾客轻松地谈谈自己，比如提起他最为得意的事，这样，他自然会提供更多关于自己的信息给你。

（6）挖掘共同话题，创造默契。

（7）对他的优点表示赞扬，但要适度；否则，别人会觉得你这人虚伪。

打好以上细微的铺垫，便可以转入正题了。当顾客对你说出"好"的时候，你便可以体验到一个精彩的问候的力量是多么巨大。

14. 需求鉴定

希腊著名哲学家、教育家苏格拉底主张以讨论问题的方式与人交谈，从而一步一步引导出正确的结论。这种方法被后人称为"苏格拉底方法"或"产婆术"。

如果你在对顾客的真正需求不甚了解的情况下，盲目地急于陈述自己产品的性能，那最大的结果就是顾客无法接受你的介绍和帮助。尽管你的产品很棒，但因为不能很好地解决他所面临的问题，所以你前功尽弃、销售失败。因此你必须学会正确鉴定顾客的需求。具体的方式是怎样呢？苏格拉底已经告诉你该怎么行事：采用提问式的方法推进与顾客的交流，使顾客积极地参与你的介绍，接受你的鼓励，从而帮助你跨越销售环节中最困难的障碍，找到问题的解决办法或方案。

这种做法的优势在于，让顾客更有信心、更主动地向购买靠近。它截然不同于销售员一厢情愿的灌输，给顾客以主动的感觉。

需求鉴定的任务，不仅是辨别顾客已经意识到的需求，刺激顾客还没意识到的需求，而且还必须促使顾客心理上产生紧迫感，让他想买。

（1）询问他以前用过的产品和当前产品最大的优劣势分别是什么，是什么让他决定购买你的产品，他对你的产品最感兴趣的地方在哪儿等。

（2）不仅要给顾客提供有用的信息，更重要的是关注顾客感兴趣的。比如，刺探他对价格的态度，让他知道你有着最好的售后服务等。要知道，对顾客每一点细小的探知，都有助于你最终得到他肯定的回答。

15. 排除竞争

排除对手，就是成全自己、让自己离成功更靠近一步。在销售人员向顾客展示自己的产品时，顾客很可能已经开始与市场上的同类产品进行暗自比较。面对这种情况，你能视而不见、避而不谈吗？不行。但是你必须采取欲擒故纵的策略，大方地给顾客作出详细介绍和比较，从而打消顾客的疑惑。假如你没有这样做，反而说竞争对手的坏话、只顾强调自己的产品如何得好，那你就等着顾客将你扫地出门吧！

竞争是残酷的，时间就是你在竞争中占据优势的资本。冠军销售员一致认为：最好的销售就是让顾客立即购买。拖延意味着这笔生意很可能随后被你优秀的竞争对手抢去。所以，需要再次强调和强化顾客的紧迫感。价格是这个环节中最有效的武器，如果你能为顾客做出有效的算计，钞票的节省会让顾客为之动心。

从顾客身上得到的任何信息，都将是你参与竞争的法宝，不容忽视。只要将它们有条理地汇集起来并加以利用，再强的竞争对手也休想夺走你美味的蛋糕。

16. 强有力的展示

病人承受身心的折磨而向医生求救时，医生总是经过仔细的检查给出极为有效的治疗，从而使病人恢复健康。销售员在帮助顾客解决麻烦时，同样需要学习医生的治疗手段。训练有素的销售员知道，一味地向顾客强调产品，就像不合格的医生一味地提醒病人的病情一样极其无聊甚至有害；只有从"治疗疾病"的角度（这样对病人的康复最为有利）来为顾客考虑（怎样对顾客更有利），才会出色地完成产品展示，掌握顾客最乐意接受的销售方式。

强有力展示的另外一个关键是有效地向顾客传递简练、可信度高和具有充分价值的信息，必须让顾客感觉到：他的利益，你是放在第一位的。同时，影响展示效果的还有以下几点技巧：

（1）尽量使你陈述信息的节奏与顾客的语言习惯保持一致，过快或过慢都可能不能让顾客很好地领会你的意思，甚至会使他厌烦。

（2）言语吐字要尽量含蓄、得当，具有轻松的气息或人情味儿，但需要有力度和激情；避免僵硬、拘束的词汇和疲软的语气，要做到既可以感染顾客、赢得顾客的尊重，又能轻松交流信息。

（3）尽量制造更多情景互动，让顾客积极参与讨论和产品试验，加深顾客的印象。

（4）必须避免常犯的错误，如急于求成导致顾客的不信任、忽略了销售过程中的某部分人、语言陈旧呆板等。

（5）最后一点，诚实可靠最为重要，你的职业道德可能决定了顾客对你产品的态度。

展示环节是整个销售过程中最核心的部分。它直接决定着顾客对下一环节的交流是否还有兴趣。

17. 异议预防

一般情况下，顾客对产品所关心的事项，总会在销售人员忙于陈述的时候突然提出。如果销售人员事先没有预料到这个问题，那他匆忙的解释可能并不能使顾客满意。所以，冠军销售员总会提前着手准备、分析种种假设的问题，并将解决方案贯穿在自己的展示中，做到防患于未然。

而且，顾客虽然在倾听你的讲述，接受你的知识，但他的心里始终会有自己的盘算。如果他的想法以直接提问的方式流露出来，你还可以通过解释来进行扭转或更正；如果只是隐藏在他的一个小动作里，你就必须留意，洞察他还未说出口的关心事项，在接下来的陈述中，有针对性地解决他的后顾之忧。

18. 成交戒律

销售员不辞辛苦地进行准备、约见顾客，就是为了等待最后成交的一刻。那么，如何才能让你的销售活动顺利展开，且不至在最后关键时刻因为你的某些不当而使成交与你失之交臂呢？医生明明清楚手术的每一个程序，但如果太过紧张，就可能导致手术失败，危及病人生命安全。所以，销售员保证成交顺利的最好办法就是，通过情景演练克服心中的紧张和恐惧。

此外，足够的耐心也必不可少。因为一个人在作出某些选择时，大脑往往需要消耗时间搞清利弊。

这两点都是销售员在明确接收到顾客的购买信号之后所必须注意的。顾客的购买信号，一般是他觉得对产品的型号、质量、价格都比较满意之后才会放出。它直接或间接向销售员表露顾客的购买意向，并试探着去涉及成交的其他条件。它或者是顾客直接的话语，或者是肢体语言的暗示。总之，需要销售员随时随地的关注。差劲的成交者往往在这点上表现得过于疏忽，于是导致虽然成交但顾客仍然对这次服务表示不满。

19. 战胜最后的异议

当你与顾客最后的成交手续办完时，你觉得自己终于可以松口气了。但是，像某些历史剧的旁白一样，"其实事情还远远没有结束……"。有些顾客为了确定自己眼光没错，总会向你提出异议。服务顾客是你的宗旨，所以你不能不耐烦，你必须运用平日训练所得的知识灵活地战胜这些异议。伟大的销售人员会经常以下面这些方法为此次销售画上完美的句号。

（1）他们会认为这是顾客感兴趣的表现，首先对顾客表示理解，然后以丰富的经验（早已收集过这些常见的异议，并作了准备）去解决异议。

（2）他们可能将顾客的疑问进行巧妙地处理："很乐意为您讲得再详细点……"

（3）他们会引导顾客重新获得"嗯，是很划算"的感觉（包括回想策略和分摊策略）。

销售人员要克服顾客在成交后提出的异议，同样需要销售前期善意诱导的艺术，真诚地帮助顾客，使顾客觉得这样的购买不但非常有益、有价值，而且还能带来快乐。

20. 追踪现实和对追踪的恐惧

不管是你经由推荐建立新的销售关系还是维护已有的客户关系，持续的追踪都是极其必要的。如果客户得到了你的推荐但仍然没有回应，你就必须运用高超的追踪技巧，去捕获潜在的机会；或者你能经常与已成交过的客户保持联系，并且表示你乐意为他们提供出乎预料的服务。这两者都将显示出你具有优秀的职业道德、专业人士的风范。

（1）电话因为它的便捷和互动而成为销售人员追踪的最好方式。

（2）坚持，才能享受追踪的良好效果。半途而废，就是给竞争对手送去机会。

（3）写感谢信，是一种比较优雅的方式。获得顾客的称赞，是销售良性循环的开始。顾客的口碑是对你最好的宣传。

（4）为了防止新顾客的不满或抱怨，你的展示一定要带来愉快的交流气氛。还须记住，苏格拉底教给你的提问方法，能让你清楚地了解顾客的偏好。

（5）在任何时候，恐惧心理都是一个恶贼。你只有将它赶跑，才能拥有自己想要的东西或结果。

21. 推荐的竞争优势

无论是一个企业还是一个销售员，没有什么比很多人知道他们更为重要。企业和销售人员都需要源源不断地顾客来支持他们，所以，宣传尤为重要。比起在报纸上占据整个版面、在街头树立巨幅的广告牌、在网上制作精明的广告语，顾客的任何口头推荐都将是更为经济、更为有效的宣传方式。

虽然不是每个人都会购买你的产品，但他们的关系网将会为你带来大量的有此需求的人——潜在顾客或顾客。当然，这需要你的诚恳和不懈努力。

（1）完成一次交易时，告诉顾客："很乐意为你和你的朋友继续服务。"

（2）通过恳请老顾客，获得一份推荐名单；展开新一轮的追踪和拜访，提供优质服务。

22. 冠军销售员对未来的展望

奇迹往往只青睐于那些有所准备的人，无数人士的成功都验证了这个观点。只有学会制订目标、清晰地界定方向与能力并且坚持执行下去，你才会取得出类拔萃的成绩，成为顶尖级的销售人士。一个伟大的冠军销售员一定是一个伟大的目标设置者。你应该做到以下几点：

（1）写下清晰的并且在时间上、数量上都是可以度量的目标计划。

（2）你的所有目标并非天马行空的想象，而是有现实根据的。

（3）单位时间段内的计划任务必须完成。

（4）努力让你的数字增长。销售日记上的数字（清晰地显示着你与潜在顾客达成交易的概率），是最有说服力的回报，它将促使你不断寻求挑战。没有什么可以阻碍你向更远更美好的未来展望，怕的只是你没有一颗顽强的心。

23. 时间安排

时间是一切事物存在的前提，如果你做到合理利用，将收到事半功倍的效果；反之，只能丧失机会、业绩和成功。销售人员明智地安排时间，不但可以免去许多不必要的麻烦，还可以获得精神上的充实，有效地提高销售业绩。

合理的安排时间，需要做到以下几点。

（1）制订详细的计划（时间、区域、任务以及每月计划一览表）。

（2）随身携带计划工具（确保带着电话目录）。

（3）确保办公环境的整洁。

（4）只有你的顾客量完全能够保证你的目标收入时，你才不必花大量的时间去寻找新客源。

井井有条的时间配置，使全新的生活从你认真执行的那一刻开始。

24. 冠军销售员的自我分析

冠军销售员总是如同一个喜欢挑战的将军。战场上没有永远胜利的将军，销售行业也没有次次获胜的销售员。战败的将军通常会反省自己的指挥艺术，以求下次力挫敌人；偶尔受挫的冠军销售员同样会客观评估和思考自己的不足，以建立更加稳固的顾客基础。

事实证明，许多进步都蕴藏在对过去的反思中。销售日志不仅是销售员的进步标尺，每一次约见都会上升一个刻度，它还充当着为销售员发现销售问题、寻找新客户的有效追踪系统。

任何一个行业，所有成功的人，都是由自身勤恳的生活态度与无比顽强的信心共同造就的。

五、《营销管理》

◎简介

人类社会在 21 世纪进入了新经济时代。对于数以万计的企业和其他组织来说，这种新经济不但带来了新的发展契机，也带来了严峻的挑战。毫无疑问，谁能够对市场上出现的新情况作出快速、正确的反应，谁就能成为未来商业环境中的佼佼者。

自从 1910 年，威斯康星大学的拉尔夫·巴特勒在人们长期研究、思考市场问题的基础上提出市场营销学以来，该学科就在日益变化的市场和频繁的实践中迅速成长。在这个问题上，谁也无法说谁的理论成熟或者完美。市场营销是经济、管理学中最具有动态性的一个领域，环境不断变化，它的内容也不断变化。因此，"适应"是一种营销理论或模式得到的最好评价。

当代市场学权威、美国西北大学教授菲利普·科特勒博士所著的《营销管理》，就是当代市场最游刃有余的适应者。它纵观世界经济局势，批判传统营销模式，对新世纪的营销作了精辟独到的阐述。面对大众市场的逐步瓦解，很多营销者陷入迷茫。相信这位营销"圣经"的作者一定可以为这些"迷途的羔羊"带来新的启示。

《营销管理》一书的首版在 1967 年版，作者对它的完善和修订工作一直没有停止。除了细致的理论知识，该书还集中介绍了营销学中大量的经典案例，以供读者学习时参考。

菲利普·科特勒在 1981 年与其胞弟——实战派营销大师米尔顿·科特勒在美国华盛顿共同成立了科特勒咨询集团。该集团是目前营销战略领域最大的、服务最广的全球顶尖咨询公司之一。

《科特勒营销新论》是菲利普·科特勒教授的另一本经典之作。该书由他和迪派克·詹恩教授（美国西北大学凯洛格管理学院院长）及苏维·麦森喜教授（泰国曼谷大学沙升企管研究所营销学教授）合作完成。

◎原书目录

21 世纪的营销

建立客户满意、价值和关系

赢得市场：制订市场导向的战略计划

收集信息和测量市场要求

扫描营销环境

分析消费者市场和购买行为

分析企业市场和企业购买行为

参与竞争

辨认市场细分和选择目标市场

在产品生命周期中定位市场供应品

开发新的产品

设计全球市场提供物

管理产品线和品牌

设计与管理服务

设计定价战略与方案

管理营销渠道

管理零售、批发和市场后勤

管理整合营销传播

管理广告、销售促进和公共关系

管理销售力量

管理直接营销和在线营销

管理整体营销努力

◎思想精华

企业如何在新世纪的市场环境中开展营销活动，是"现代营销学之父"菲利普·科特勒研究工作的重点之一。在《营销管理》一书中，他对该问题作了全面而深入的探讨。

＊21世纪的营销。该书结合当今商业环境，对营销的主要要素作了新的描述，并对未来营销作了展望。

＊建立客户满意、价值和关系。新世纪的营销必须以顾客为核心，只有顾客满意才能促使价值实现最大化。因而如何取悦和挽留顾客是公司定位营销战略的一大标准。

＊赢得市场：制订市场导向的战略计划。战略计划犹如航船的航标，它比眼前利益更重要。因此，制订以市场为导向的战略计划并在关键领域开展活动是公司正确完成业务选择和组织、公司健康成长的先决条件。

＊收集信息和测量市场要求。收集市场信息、调查和定位顾客需求是公司产品设计与产品营销的首要基础。没有它们的各种数据支持，营销无从谈起。

＊扫描营销环境。在整个社会范围内，审视可能影响营销的关键因素，并设计与之相应的对策，以克服长久的威胁、获得成功机会。

＊分析消费者市场和购买行为。研究顾客的消费行为和心理，是营销规划人员区别不同消费群、制定相应营销策略、让顾客满意的前提条件。

＊分析企业市场和企业购买行为。许多企业面对的买方并不只是个体顾客，它还包括各种各样购买原材料的企业和其他组织。研究这些组织的采购原理仍是它们努力适应市场的一部分。

＊参与竞争。竞争是公司寻求进步的最大动力。忽视它的

存在，公司将完全丧失生命力。

＊辨认市场细分和选择目标市场。顾客的差异性决定公司必须识别价值最大的细分市场。利用高效的服务分别赢得目标市场里各个细分的顾客群，是公司对市场最明智的态度。

＊在产品生命周期中定位市场供应品。随着先进制造技术的普及，产品在市场上的生命周期越来越短，公司采取何种方式来适应这种趋势呢？最好的办法是运用产品差别化及产品定位。

＊开发新的产品。没有人喜欢一成不变的东西。公司没有新产品的开发，仅靠吃老本就是自取灭亡。

＊设计全球市场提供物。经济全球化促使更多公司在全球范围内拓展市场，而这个过程仍然需要进行目标市场选择并且还要学会"因地制宜"。

＊管理产品线和品牌。如何树立顾客忠诚是这个环节解决的问题。

＊设计与管理服务。服务已经作为无形商品和传统产品并肩齐坐，因此服务的设计与管理和产品的设计与管理同等重要。

＊设计定价战略与方案。价格作为传统 4P 营销中的一个重要组成部分，在今天仍然发挥着巨大的作用。

＊管理营销渠道。在当今商品市场上，如果没有营销渠道的存在，随之交易也不会存在，价值将无法在各市场要素之间传递。

＊管理零售、批发和市场后勤。因为这 3 方面对应的客户性质截然不同，因此，它们的营销战略各成一体。

＊管理整合营销传播。最有效的传播方式就是整合各个职能部门和传播工具，有效的沟通可以使它们产生更大的爆发力。

＊管理广告、销售促进和公共关系。尽管广告方案在推动产品或服务向顾客靠拢的过程中有巨大作用，但最好的广告却是产品或品牌的口碑。

＊管理销售力量。任何销售力量的目的应该只有一个：取悦顾客。

＊管理直接营销和在线营销。网络技术的成熟使公司的营销方式多样化，管理方式也随之多样化。

＊管理整体营销努力。建立以顾客为导向的营销组织，是公司在新的商业环境中必须作出的选择。

◎核心内容

1.21 世纪的营销

当今世界文化环境和商业环境急剧变化，企业营销既面临难得的机遇，也面临着巨大的挑战。能否适应业务全球化的趋势，能否实现科技的迅速进步，能否在更加开放的市场上站住脚跟，是营销在 21 世纪面对的 3 大主要问题。

为了适应日益变化的经济环境和消费者需求多元化的新形势，营销人员必须将以下几点作为成功的必备要素来看待。

(1) 摸清市场和消费者需求，才可能开展营销。当今营销人员不仅要会调查需求，更重要的是学会管理需求。只有在市场上具备一定的主动性，公司才可能从策划、产品设计到销售等环节都在同行业占据优势地位。

(2) 选择市场。任何事情之间的匹配，都不是以大、多或广为标准，而是合适。企业产品设计、营销等活动只有通过选择目标市场、针对类型顾客群体，为他们创造利益和价值，才能为企业获得生存之道。

(3) 选择多元化的价值流通渠道。基于社会科学进步，人与人之间的沟通方式和信息传播途径发生了前所未有的改变。对营销来说，这应该是一种契机。

(4) 组织观念多元化。单一的企业运营观念，根本无力在市场上游刃有余。从生产流程、产品本身、库存到营销、交易及服务，每个阶段无疑都需要与其特性相适应的管理态度。

新世纪，新营销。事实上，我们对营销需要重新认识的并不仅仅是这些。其他内容，下文将逐一进行揭示和说明。

2. 建立客户满意、价值和关系

企业的首要任务是创造顾客，这是"现代管理学之父"彼得·德鲁克在 30 多年前作出的著名论断。只可惜在这几十年，众多企业被丰厚的短暂利益所迷惑，哪里顾得上考虑长远的回报。

但凡杰出的管理学者及营销学者，他们都坚信：价值能否实现最大化，关键取决于顾客。甚至可以这样断言：企业营销收益完全决定于他们对总顾客价值和总顾客成本之间的评估以及与竞争者之间的差别化。如果在这两点上做不到，营销者就根本无从确定完善的产品的上市方案。

要维持公司长久的盈利能力，最好的办法就是树立顾客忠诚度，避免顾客流失，尤其是价值最大的那部分顾客。吸引新顾客虽然是企业发展壮大不可缺少的部分，但其成本巨大且不一定取得良好效果。因此，建立企业与顾客之间强烈的品牌感情才是保持营销成功的明智之举。

当然，留住顾客的根本是必须让顾客满意。如果你的产品和服务只会让顾客充满抱怨和牢骚，那从何来谈销售业绩和公司利润？做好这点，企业必须在自身管理上注意以下两点：

（1）现代企业的核心业务类别繁杂，流程环节颇多，较为松散的传统管理模式无法保证它们的高效运转。那么，要实现价值在企业、合作伙伴及顾客之间的有效传递，企业必须创建一个全新的营销网络，加强各要素之间的合作。

（2）影响顾客满意度的直接因素就是产品或服务的质量问题，只有产品或服务在特色和品质两方面都出色，市场上的各种需求才可能得到最大满足。因此，企业积极开展质量评估活动、坚决执行全面质量管理计划，当属刻不容缓。

总之，企业的一切出发点只有放在顾客身上，才会获得持久的盈利能力。

3. 赢得市场：制订市场导向的战略计划

如果一个企业由于不能适应不断变化的市场环境而无法在战略和业务上作出快速的反应，那么这肯定是一个失败的企业，至少是不太成功。再试想一下，倘若营销活动没有计划，那又将是一个怎样的交易场面？

这样的状况只因为缺少一种意识，这种意识就是秩序。只有营销规划人员有序地展开调查，有序地组织设计，有序地执行流程，营销工作才能够顺利完成。这些步骤综合起来就是营销计划。

相应地，营销计划只有在公司战略计划的指导之下才能有效制订。企业没有战略方针，就无法选择和组织业务，无法克服在它的领域不断出现的各种障碍，最终只能以失败告终。因此，你必须理解战略计划的重要性。

（1）它能帮助企业塑造并不断调整业务或产品，为企业带来更多发展机会和更大利润空间。

（2）它能帮助企业处理好与市场各要素（包括市场目标、科学技术和资源等）之间的平衡关系。

（3）它能帮助企业内部实现有序运转。

除此之外，它可以清晰各个管理层面和各个业务的具体战略计划，为每个业务确定任务、分析形势优劣和提高竞争力，安排业务活动的资源和收集反馈信息。企业有了它的存在，就如帆船有了方向。

企业战略计划主要通过定义公司使命、建立战略业务单位和为每个战略业务单位安排资源3个方面的工作来实现，它必须以市场为导向。营销大师科特勒认为：战略的正确性比它是否能立即盈利更重要。

4. 收集信息和测量市场需求

信息就是企业的生命之源。收集信息等于企业在集合生命要素，培养生命力。

现在，面对营销全球化、顾客购买新焦点的出现及非价格竞争因素增长的新趋势，营销信息尤其重要。营销信息系统就诞生在这种新趋势的要求下。它通过完成以下 4 个方面的工作，来对各种各样的信息进行评估、过滤和开发。

（1）建立一个从订单到收款循环和销售报告的内部系统。

（2）给营销经理提供有助于营销发展的新信息。

（3）创建信息数据库，总结营销成果，分析营销前景。

（4）帮助和支持营销者分析复杂的相关信息，并积极促使它们向实践转化。

第三个方面实质就是营销调研系统。它开展工作的方法和工具都呈现出多元化。但无论你选择什么样的调研方法和调研工具，它的运行程序都遵守这个规律：首先确定调研课题，其次是制订计划，再次是收集信息，最后是通过信息分析得出结论。

一个具有科学性、创造性、思考性、调研方法多样性、共存性（数据和模型）的调研系统，通过成本—收益分析得出的结论，定能够帮助管理层理性认识市场，发现新的市场机会。

对于企业确定目标市场来说，工作进行到这一步，仍不能松懈。还有一点必须要完成的就是衡量这些市场机会背后的利润空间。换句话说，就是需要测量市场需求和公司需求。前者是为了预测某种产品在一定条件下顾客愿意购买的总数量，而后者是为了了解公司尽最大努力所能争取的市场份额。经过两个参数的衡量，管理层就可以判定哪一块市场作为目标市场所遇到的风险更小。

5. 扫描营销环境

时势造英雄。这句话我们每个人都见过许多次。我们都知道，它强调的是环境对人的重要性。在市场竞争激烈、风云多变的现代社会，各个经济领域都英雄辈出。尽管各自的经历、行业有所不同，但在这点上他们却出奇地一致：深深懂得抓住社会环境带给他们的机会。

当今社会变迁无时无刻、无处不在，大到政治格局、科学技术、经济环境、文化环境及自然环境，小至人口年龄、受教育程度及家庭结构等因素都不断呈现出新的趋势。而这些趋势总是对市场环境产生或大或小的影响。试想如果营销人员忽略不顾，可以吗？让我们看看那些曾经因此而遭受挫折的巨人吧：汽车巨头通用、IBM 公司和西尔斯百货公司等世界知名企业。

在当前环境中，对市场影响最大的莫过于文化。核心的文化价值和亚文化价值曾一度造成主流市场和非主流市场之间的明显界限。

除此之外，人文环境中的人口因素，经济环境中的财富、收入与分配因素，自然环境中的资源因素和受污染因素，技术领域的创新与更替因素，政治环境中的不安定因素和法律因素都是需要营销管理层时刻注意的环境变量。企业只有善于在这些变量中发现新趋势，寻找新机会，才可能在越来越艰难的商业环境中生存下去。

6. 分析消费者市场和购买行为

如果你对一个人毫无所知，你能否对他有所判断？当然不能。为什么？因为没有依据。对营销者来说，也是同样道理。如果对消费者心理和行为没有任何了解，他们就无法预测顾客行踪，无法拿出促使顾客满意的方案。因此，研究消费者市场和消费者行为是一项在制订营销计划之前必须完成的工作。

影响消费者行为的因素主要有 4 大类，它们分别为文化因素、社会因素、个人因素及个人心理因素。为了彻底了解消费者购买过程的每个详细步骤，营销人员必须对 4 大类因素进行深入分析和探讨，而并非只是笼统的归类。

购买决策过程

消费者购买决策主要分 5 个阶段完成。如图 1－5 所示：

问题认识	→	信息收集	→	对可供选择方案评价	→	购买决策	→	购买行为

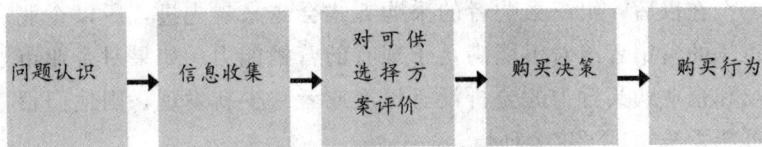

图1—5　消费者购买决策的阶段

7. 分析企业市场和企业购买行为

市场上的购买行为并非只发生在个体顾客身上，参与消费的还有组织。它们必须不断购进生产设备、技术及原材料等必需品来保证自己的生产计划顺利完成。因此，营销者对影响组织购买者决策的因素进行研究，是企业追求利益最大化的必然。

组织购买是各种正规组织为了满足购买产品和劳务的需要，在可供选择的品牌与供应者之间进行识别、评价和挑选的决策过程。这是韦伯斯特和温德对组织购买的定义，这个定义透露了以下几个重要信息：

（1）市场上的组织需求。这应该是相对于消费者市场而言的。组织需求的根源是消费者市场的需求，如果没有消费者市场，企业市场也就不会存在。然而，企业市场的营销者在分析组织需求时必须掌握它们之间的区别。

（2）组织采购是一个系统的过程。因为采购规模及其后果、影响的关系，组织采购往往要比个体顾客采购程序复杂很多。个体顾客的决策过程只有5个阶段，而组织采购的决策过程则有问题识别、总需求说明、产品规格、寻杂货供应商、征求供应建议书、供应商选择、常规订购的手续规定及绩效评价等8个阶段。

（3）关于组织采购决策。个体消费的决策者通常都是消费者个人，而组织采购的决策者必须是由组织批准者、决策者、购买者、控制者、发起者及使用者等相关人员组成的采购中心。因此，企业市场的营销者只有对购买组织的目标、政策、传统作风及部门结构有深入了解，才可能明确采购者的决策过程。

在以后，组织采购者的采购方式会越来越先进，所以企业市场的营销者绝对不能满足于现有的营销能力。如果对企业市场和企业购买行为的分析没有深度或者缺少新发现，则他们很可能无法立足于这个环境。

8. **参与竞争**

有句很有意思的话叫"敌人才是自己最好的朋友"。人一旦失去与对手的竞争，很可能就变得慵懒、落后和不求上进。企业也是一样。

企业营销者不但要参与竞争，更重要的是需要管理竞争。增强企业竞争力，并非有观念就行，它更需要企业制订强有力的竞争措施并坚决执行。管理竞争有 5 方面的问题需要企业营销者努力解决：

（1）确定竞争者。识别竞争者不那么简单。企业很容易知道自己的明确竞争者，比如说奔驰把宝马当作主要竞争者。然而，潜在的竞争者存在范围广泛且很难辨识，有时甚至是跨行业，它可能突然对你造成威胁。比如，一家绿色食品制造公司也许会成为生物技术公司的竞争对手。

（2）确定竞争目标、制定竞争战略及分析当前优劣势。这是明确竞争者之后企业必须当即展开的活动。战略主要解决企业即将进入哪一个特定市场的问题。竞争动力和竞争目的是什么、长期愿望和当前利益是否冲突，这 3 个问题的答案构成竞争目标。而辨别竞争者的特点、优势和劣势及反应模式，则是企业制定具体竞争措施的必要前提。

（3）创建竞争情报系统。该系统主要通过收集、估计和分析战略群体的数据资料，为营销管理层制定竞争战略提供情报支持。

（4）在竞争中的战略定位。你是领导者、挑战者、追随者，还是补缺者？只有正确定位自身，企业才能实现一定时间段内的利润最大化。

（5）选择竞争导向。企业不能为了竞争而竞争，市场份额和业绩只是表象，利润才是本质。是否同时给与顾客和竞争者恰当的注意，是衡量企业能否健康发展的标准之一。

科特勒认为：没有竞争的企业往往会成为绩效差的企业，只有敢向竞争对手挑战、不畏困难的企业才会成为市场的领航者。

9. 辨认市场细分和选择目标市场

顾客需求不同决定市场类型繁多。一家电器企业不可能满足所有电器市场上的顾客需要。因此，企业需要准确找到属于自己的那一片天地，否则面对茫茫市场，一定手足无措。

综合了解不同社会变量（地理因素、人文因素、心理因素、行为因素、经济因素、环境因素等）对顾客的影响程度之后，企业应该根据消费者特征和消费者反应进行市场细分，从而增加公司营销的精确性。

企业对细分市场的评估是最关键的一步，这决定着目标营销的方向。只有评估客观、正确，企业才能把目标对准其最有利的细分市场（确定目标市场）。

在确定目标市场后，企业营销者必须为各个目标市场制定严格、精确的市场进入计划。同时，对各个细分市场之间的关系要予以重视。这样做的目的是寻找发展规模经济和制造大范围营销的机会。

10. 在产品生命周期中定位市场供应品

科特勒认为：企业不应该去考察产品的生命周期，而应该考察市场的生命周期。

现代制造技术和信息的开放，使得产品的特征和益处很难长时间在市场上保持优势，因此企业只能对它们的产品或服务进行差别化。企业为了保持在竞争上的现有优势，就必须赋予该产品或服务新的亮点和增加新价值。

尽管企业努力使它们的市场供应品不断地更新换代，以此来吸引对价值敏感的顾客，但这些供应品仍然会经历购买者兴趣和要求此时起彼时伏的阶段。面对市场环境的变化，竞争者一轮接一轮的围攻，企业只能被动修改其原有的营销计划，力求使融入了新元素的计划能够适应新阶段的消费者需求。

绝大多数的产品在其产品生命周期内都要在市场上经历4个阶段，且每个阶段都要求营销者拿出与之相适应的营销战略。

（1）导入阶段。产品初入市场，阻力比较大，因此企业收获不大。在此阶段，有快速撇脂、缓慢撇脂、快速渗透和缓慢渗透4种导入战略可供营销者选择。

（2）成长阶段。产品成长阶段的标志是销售额和利润快速增大。这时，大多数企业为了开拓新的细分市场和分销渠道，不断地尝试产品改进和更新，并且在价格上作出适当调整。

（3）成熟阶段。一旦销售增长缓慢且利润稳定，产品就进入了成熟阶段。此时，企业通常都热衷于放弃弱势产品，改进或开发获利能力比较强的产品，争取新顾客和现有营销组合（价格、分销、广告、打折扣、销售人员及服务等6种要素）的改进。

（4）衰退阶段。这是任何产品都免不了的结局，销售要么停止，要么很长时间持续在一个低水平上。因为没有可能恢复往日销售，所以绝大多数企业选择终结这一产品。但也有例外：如果不给企业带来负利润，营销者可能将它和其他产品搭配，暂时保留它。

以上所讲，都是大多数企业传统的营销策略。现在，让我们返回科特勒的观点：企业不应该去考察产品的生命周期，而应该考察市场的生命周期。这位营销大师提倡企业主动认识和预测市场的新形势，他并不赞同以上被动的适应。

11. 开发新的产品

任何企业因循守旧，都会导致破产的悲剧。进步和发展不仅需要技术和管理观念的革新，还需要产品的革新。产品革新可能是改进旧产品，但它更强调新产品开发。

要开发新产品，企业的环境、理念、组织结构、技术等各方面现状都可能不能满足要求，因此企业必须克服现有障碍，为它的诞生创造条件。在准备过程中，组织者有 3 点必须注意：

（1）确定未来的顾客群（主要包括"谁"和"有多少"两个问题）。评估该生产计划的可行性。

（2）吸引营销人员的积极参与。没有什么其他理由，只因为他们是最熟悉市场的。

（3）成立专门负责该产品计划的组织。该组织必须独立、高效，只有这样，才能保证新产品的构思得到彻底的贯彻。

直接涉及计划实质内容的有创意产生、创意筛选、概念发展与测试、营销战略发展、商业分析、产品开发、市场试销和商品化这 8 个环节（也称为开发过程的 8 个阶段）。对于这 8 个步骤，必须实行严格控制，尤其是以下 3 个是重中之重。

（1）创意是该项计划的根本。创意筛选决定着这个"新"到底有多大吸引力。

（2）市场测试（不管是消费品市场测试还是企业市场测试）和商业分析，都是为了验证该创意的可行性和能够取得的利润回报。

（3）关于营销。该产品一旦商品化，接下来的任务几乎全由营销人员承担。而这也是决定该产品成功打入市场获得高利润的关键一步。做好这一步，要求营销者必须根据早期消费者的线索或信息深入了解消费者采用的全过程，分析影响消费者购买的各个因素，以最大限度地完善营销计划。

目前，许多营销者把产品的目标用户定为早期采用者和大用户。

12. 设计全球市场提供物

经济全球化的大趋势要求企业必须打破地域与文化等因素的限制，充分利用技术、原材料以及客户等资源优势，寻找更多、更大的发展契机。

虽然开展国际化经营成为企业获取更大生存空间的一种有效理念和趋势，可当你真正决定进入国外市场时，仍然有许多需要慎重讨论和研究的问题。

（1）商业环境的不稳定性。很多社会负面现象在不同的国家和地域恶劣的程度不一样。比如，你有意把你的建筑生意扩展到巴勒斯坦或伊拉克的某些地区，那你就必须克服战争可能造成的伤害。

（2）市场选择。是进入这个国家还是进入那个国家，或是同时进入几个国家？根据已经成功将业务国际化的那些企业的经验，选择全球市场应按 3 个标准排序：市场吸引力、竞争优势和风险。

（3）进入方式。一旦企业决定向异国市场出售其产品，那么它就必须考虑采取何种方式进入该市场才能取得最佳效果。按照企业涉及的战略深度，一般有 5 种进入方式：间接出口、直接出口、许可证贸易、合资和直接投资。

（4）营销方案。相比本国营销，主要是加强灵活性和因地制宜策略的运用。

（5）管理方式。小规模的出口销售一般以建立出口部的方式进行管理；如果一家公司的业务已经涉及好几个异国市场且拥有了合资企业，那么最好的决策营销组织就是国际事业部；而业务全面国际化的企业则是一个全球组织，地域影响几乎不存在。

值得一提的是，现代科学技术（尤其是运输行业和网络）是促进市场国际化的最大功臣。

13. 管理产品线和品牌

无论是实体产品还是一种解决问题的方案，只要是能够提供给市场用来满足需求的东西都可以称其为产品。不管是在传统营销中还是新型营销中，产品始终都是营销组合中最重要的因素。

按照消费动机由基本需要向各种欲望的递升，产品通常呈现出 5 个层次，即基础产品、期望产品、附加产品、消费系统和潜在产品。在当前市场上，企业之间的竞争主要集中在附加层次。

随着企业业务范围和产品种类的扩大，产品组合（销售者给市场提供一组产品，包括产品线和产品项目，实质是产品品种搭配）成为企业满足更广泛需求的一种有利手段。它往往由数条产品线构成。营销者可以根据当前销售额、利润和其他市场特征来调整它的宽度（不同产品线的数目）、长度（产品项目总数）、深度（产品线中的每一种产品有多少品种）和相容度（各条产品线之间的关联程度）。但是这个过程需要营销者作出精密的分析。

品牌是企业在产品方面上升到一个高度和知名度的标志。它具有吸引广大顾客和赢得顾客高度忠诚的威力。它的生命周期长度可能是企业内任何一种产品都无法比拟的。品牌管理的目的是为了保证企业的品牌权益，它应该属于公司的资产管理，是营销人员拓展产品寿命价值的有力工具。

然而，要想把某商品品牌化，以下 5 点挑战是营销管理层面临的主要问题：

（1）关于品牌化决策。总体说，品牌化是商品发展的一种趋势，但也有例外。比如，有些商品在树立品牌之后又退回到无品牌的状态。

（2）品牌使用者决策。其实质是到底是采取产品制造品牌还是分销商或私人品牌。

（3）品牌名称决策。此举目的是选择合适的品牌名称，以便产品在市场上获得独特的识别和影响力。

（4）品牌战略决策。通常企业可以在产品线扩展、品牌延伸、多品牌、新品牌和合作品牌 5 种战略类型中作出与自身条件相符的选择。

（5）品牌重新定位决策。这根据现有品牌在市场上的运行状况而定。一旦现有品牌不能适应市场，企业则必须重新定位。

品牌建设并非一朝一夕的事，它需要很长一段时间，而且代价高昂。因此，它是产品战略中极其重要的一个课题。

14. 设计与管理服务

要想设计与管理服务，必须先对服务的定义作深刻了解：服务是一方能够向另一方提供的基本上是无形利益的任何活动，并且不导致任何所有权的产生。它的产生可能与某种有形产品联系在一起，也可能毫无关系。

虽然服务与产品同属商品，但两者甚有区别：无形是服务的首要特点；服务的产生和消费无法分离，而实体产品则不是；前者因为无形，所以具有很强的可变性和易消失性，而后者一直呈现着稳定的性状。服务正是由于以上主要特点，才使它的设计方案和营销方案与实体产品有很大差别。

现代服务业的营销法赶不上制造业，和服务不稳定的特性有很大关联。因此，如何利用各种途径将无形的服务转化为看得见的服务是现代营销者最主要的任务。其他任务还有：增加服务的效率；提高服务质量和标准化程度；根据市场需求调节服务供给。

实现服务差别化是企业参与激烈竞争必不可少的一种手段。在这点上，和实体产品相同。营销者进行服务差别化应该针对 3个方面：

（1）提供物。其重点是加强服务创新，尽量让竞争者在短期内无法模仿。

（2）交付方式。服务交付主要通过人和环境实现。拥有好的服务人员和舒畅的物质环境是其主要优势。

（3）形象。形象核心是品牌，因此，塑造有意义的、个性的品牌是其根本。

企业服务营销战略所强调的营销组合不但包括传统 4P，它还需要加进人（People）、实体证明（Physical evidence）及过程（Process）这 3 个要素。

服务营销战略是服务公司的核心战略，同时也是以产品为基础的企业提高顾客忠诚度的重要战略。

15. 设计定价战略与方案

消费者对商品要素最敏感的无非是价格，从传统营销到现代新的消费品营销，这种状况一直没变。从这里就能看到定价战略对企业的重要性。

当一个新产品问世准备投入市场时，企业首先面临的就是为该产品制定决策、进行价格定位。整个工作可分为 6 步完成。

（1）选择定价目标。企业需要利用提供物完成一个什么样的任务（生存，最大当期利润，最高当期收入，最大市场份额，最高销售成长，最大市场撇脂，产品——质量领先），这是营销者在这个环节必须回答的问题。

（2）确定需求。价格往往是根据需求来表现它的弹性的，需求又是市场对价格的反应。两者既相互刺激又能相互制约。

（3）估计成本。成本是营销者制定价格的底线。它不仅指生产成本，还指包装、营销等后期成本。

（4）分析竞争者的成本、价格和提供物。价格本身是一种竞争手段，因此了解对方的价格方案，对于营销者设定价格战略有很大参考价值。

（5）选择定价方法。营销者通过 3 个标准（产品成本；竞争者的价格；顾客评估独特的产品特点）之一（或一个以上）来选择定价方法。

（6）选定最终价格。在确定产品价格范围之后，营销者将引进其他因素（比如，顾客心理作用、该地域消费者的收入水平等）选定最终价格。

企业定价战略设计且执行之后并不意味着产品价格设定工

作结束，营销者还必须根据市场反馈对现有战略作出进一步的修改，以赢得更多顾客。

16. 管理营销渠道

在当今社会，生产者为了将产品顺利地传递给顾客、获取利润，往往需要一些中间商、代理商及运输企业的协助，否则产品很可能无法在市场流通，产品价值也不能实现。由此，便引出了营销渠道的概念，促使产品或服务顺利地被使用或消费的一整套相互依存的组织。

营销渠道是营销的命脉，它决定产品或服务接近顾客的程度。因此，营销渠道管理是保证组织正常运行的一件大事。营销渠道管理经历两大阶段：

（1）渠道设计。分析市场需求和顾客对渠道服务产出（批量大小、等候时间、空间便利、产品品种和服务支持）的接受度，确定目标服务产出水平（渠道目标）。通过这 3 方面要素（商业中间机构类型、中间机构的数目、每个渠道成员的条件及其相互责任）决定最终的主渠道。主渠道和其他渠道成员必须经过营销者在经济性、可控制性和适应性 3 方面的评估，否则，企业会承受巨大的渠道风险。

但主渠道并非时时都容易执行，有些情况下，营销者还得借助其他的非常规渠道。

（2）渠道管理。渠道设计好之后，必须着手执行。这包括对中间商的选择及协商、内部人员培训、管理体制的完善、评价等任务。

渠道管理的主要内容涉及广泛：根据特性鉴定出好的中间商；对企业旗下的分销商和经销商进行计划、培训；为中间商制订一定的激励措施；对渠道成员进行阶段性评价；随时弥补渠道缺陷、处理渠道矛盾等。

渠道和渠道之间毫不相关的很少。大多数情况下，它们之间往往存在或多或少的矛盾，即渠道冲突，这些冲突有时还表现为竞争。解决渠道冲突最好的办法是渠道成员之间建立合作。

此外，营销者必须重视营销渠道连续和偶尔发生剧烈变化的特性，清楚认识它们的变化趋势。

17. 管理零售、批发和市场后勤

当前激烈的竞争并没有让零售行业的商家们好过，和大多数产品一样，零售店没有逃脱产生——成长——壮大——衰退的历史规律。为了适应行业内部的竞争，零售商只能将以往的"特色"方式换为"强化服务"的方式，从而展开新的角逐。专业商店、百货商店、超级市场、便利店、折扣商店、廉价零售商、超级商店及样品目录陈列室等各种形式的零售商几乎都没有例外。

零售商在新的市场条件下，在其目标市场、产品品种、服务、定价、促销和地点等问题上都制订了新的决策——形成新的营销计划。在这点上，批发商与零售商达成一致。商业批发商、经纪人和代理商、制造商和零售商的分部及其他诸如农产品集货商和拍卖商、批发商都积极开展市场、产品、服务、价格、促销及地点等方面的探索，并以此提高服务质量，为渠道增加价值。

由于制造商和批发商之间的矛盾越来越激化（批发商没有尽力推销制造商的产品，批发商对市场情报反应迟钝，批发商抑制存货，批发商从制造商那里拿取高额费用，直销使批发商受到零售商和制造商的排挤等），未来批发商的前途一点都不乐观。不过，现在仍然有个别批发商通过有效的服务改革而获得成功。

无论是制造、零售还是批发，本质都是为顾客创造价值、传递价值。营销学者们为了更加系统地描述这个价值过程，特别提出了"市场后勤"的观点：指对原材料和最终产品从原点向使用点转移，以满足顾客需要，并从中获利的实物流通的计划、实施和控制。

市场后勤解决的主要问题是寻找最好方式实现价值传递。这个过程需要各个市场成员之间的协作——通过建立由信息技术支持的整合后勤系统来实现。

18. 管理整合营销传播

当传统营销传播不再满足市场运行的要求和顾客需求时，整合营销传播应运而生。整合营销传播主要通过广告、销售促进、公共关系与宣传、人员推销和直接销售等 5 种主要传播工具的有效组合，强化了各个利害关系人之间互惠互利的原则。

整合营销传播，要求营销者必须明确每一种传播工具的优势和劣势，实现各种营销资源的优化配置。它主要经历 8 个开发步骤：

（1）确定目标受众（目标顾客和购买组织）。其目的是对受众进行印象分析，了解企业现在的状况。

（2）确定传播目标。营销者根据它们所期望的受众反应定位传播目标，实质是尽最大努力能取得的良好效果。

（3）设计信息。寻找最能够引起受众注意、兴趣、欲望甚至行动的有效信息，以此投入实践。不过，在现实中几乎没有如此理想的信息能够促使消费者经历这个全过程。

（4）选择传播渠道。营销传播者必须选择合适的传播渠道，否则经过传播的信息可能无效。

（5）编制传播总预算。通常情况下，促销费用越高，企业占有的市场份额越大。但大多数企业会把这当成一种投资而不是代价来加以控制。

（6）营销传播组合决策。确定市场类型和引导购买的方式，讨论产品的生命周期和企业在市场上的位置。

（7）衡量传播结果。通过受众信息反馈了解此项促销计划的实际效果，且对现有计划作进一步的完善。

（8）管理整合营销传播。市场多元化和传播工具多元化要求企业整合营销传播。

整合营销传播使各种职能机构、传播工具及各种信息得到了前所未有的协作与融合。它对营销活动进行全方位的指导，因此，对企业的产品销售产生了巨大的推动作用。

19. 管理广告、销售促进和公共关系

放眼街头商铺、各个媒体和互联网，广告犹如潮水般泛滥在我们的生活中。商家打出广告无非只有一个目的，即宣传其产品或服务、创意，招揽顾客。

一套完整的广告方案需要营销者和广告人员至少在 5 个方面作出努力：

（1）明确广告目标。广告目标必须建立在市场战略和产品战略的框架之下。它的目标一般是刺激消费者尽可能多地使用该品牌或产品。

（2）制订广告预算。营销学者主张通过在众多市场要素上建立的广告开支模型制定预算（要求增加广告预算），而约翰·利特尔教授建议预算人员通过适应控制模型来确定广告预算。

（3）拟定广告信息。信息必须能够体现一个明确的销售主题，且极具感染力。

（4）选择媒体。本质是寻找成本最低、效益最佳的传播途径。

（5）效果评价。能够判断一个广告计划是否成功的方法就是衡量广告效果。广告效果包括传播效果和销售效果。

虽然广告能提高产品或品牌知名度，扩大销售量，但它仍然有一些特殊的性状需要营销者明白，比如，它受环境影响大、对获得新顾客效果并不好、可能带来负面影响等。

销售促进和公共关系也是刺激消费者购买的有力工具。前者和广告一样强调目标、制订、工具、执行和评估等环节，其核心还是产品；后者则是以关系为核心，强调与消费者和社会的互动。

公共关系对产品或品牌形象的潜在影响有时甚至超过广告

和销售，这也印证了营销大师科特勒说的一句话：顾客的满意是最好的广告。

20. 管理销售力量

任何企业如果离开了优秀的销售队伍，即使管理和制度非常完美，也难成大器。销售人员在企业与消费者之间充当着桥梁的角色。

管理销售力量的主要任务是解决如何设计、管理销售队伍这个问题。

（1）销售队伍设计。确定销售队伍必须达到的目标、组织销售队伍以良好姿态进入市场、考虑队伍的规模和报酬这 3 个方面的工作是设计阶段的主要内容。

销售队伍的结构并非是一成不变的，它需要企业营销高层根据市场情况的变化，作出及时合理的调整。

（2）营销队伍管理。销售队伍设计结束后，管理阶段开始执行计划。从招聘和挑选销售代表到培训销售代表，再到销售代表的激励与监督以及最后的评价，这个过程直接决定着销售队伍面貌。

销售人员培训是队伍管理的重点。销售人员的推销技巧、谈判和关系营销的能力能否得到开发和强化，关键是看他们接受培训的效果。

在推销（包括推销技巧、谈判和关系营销 3 个方面）中，精于市场分析和懂得客户管理是它们共同的基础。最成功的谈判是双方互惠互利。而关系营销饱含智慧，它强调买卖双方关系的长远性。

21. 管理直接营销和在线营销

没有网络技术的支持，直接营销和在线营销规模不会发展得如此之快。现在，越来越多的企业开始提供直销服务，新型的信息载体逐渐代替了早期的中介机构。

作为一种趋势，直接营销以它的快捷性和灵活性给销售人员增加了更多的销售可能；同时，它的隐秘性使竞争者难以探听到直销人员的计划和策略。这种益处在很长时间内并不为众多企业或营销组织所重视，但渐渐有所改变。

随着直接营销地位的上升，营销者对它的认识也越来越完善。在长期积累中营销者发现：数据库是一种最有力的直销工具，它丰富的顾客信息为企业作各种决策提供了客观、全面的数据支持。

直接与顾客接触并建立长期关系是直销的最大特点。邮寄营销、目录营销、电话营销、杂志等广泛的渠道形式，再加上直接营销者对营销目标、价格等要素的精心策划，往往能够获得丰厚的利润回报。

在线营销对电子技术和网络技术的依赖巨大，甚至可以说，没有这两种力量，在线营销阵营便会顷刻崩溃。

因此，很多企业已经开始通过实践整合来提高直接营销和在线营销在传播营销组合中的地位，开发它们更大的潜在价值。但它们在规范化、透明度等方面的缺陷，也值得营销者深思、克服。

22. 管理整体营销努力

经济全球化、政策放宽、新技术更替频繁、大众市场的没落等环境变化，都要求企业对自身的组合结构、业务范围和营销方式进行改革。因循守旧只能在未来市场上坐以待毙，尤其是营销组织和活动，在这个趋势中将接受新的洗礼与考验。

现代营销组织从简单的销售部门演变成今天复杂的营销公司，其形式也呈现多样化。比如，某些企业主张市场细分管理，还有企业根据职能特征来构建组织，进行地区化管理的企业也有。

传统营销组织倡导的以产品为中心的营销模式已经成为过去。新的商业环境要求现代营销组织必须以客户为核心并加强内外部的合作，通过互惠互利的合作方式创造价值、传递价值。

　　一个有效的组织，应该要求它的营销、研究与开发、工程、采购、制造、营运、财务、会计和信贷各个部门制定出与现代营销相符合的部门战略计划，而且执行得当。"以客户为中心"反映在组织运营上就是"以营销为中心"，因为后者是实现前者的途径或方式。开展营销导向型的战略计划，是企业从产品和销售驱动真正向市场和顾客驱动转变的必然。

　　实际操作中，各项营销活动的进行离不开营销部门强有力的监督、评价和控制。不管是年度计划控制（保证组织实现年度计划中所制定的销售、利润及其他目标）还是盈利率控制（寻求、衡量和控制不同的产品、地区、顾客群、销售渠道、订单等的盈利率），效率控制（提高销售队伍、广告、销售促进和分销的效率）以及战略控制（利用营销效益评核和营销审计完成战略方法评价），都是为了使组织战略中的各个计划更好地完成。

　　此外，道德和社会责任是企业营销活动不可忽略的问题。任何一个优秀企业都不会只把公司效益当作衡量实践活动的标准。它们不只为自己，还为顾客权益和社会进步而贡献力量。